KB104087

조경국

필사를 시작한 지 10여 년이 넘었고 펜이나 노트 등 문구류는
필사를 시작하기 전부터 좋아했다. '받아쓰기' 해야 하는
직장에서 꽤 오래 버틴 덕분에 쓰는 습관이 자연스레 몸에
배었다. 펜글씨 교본을 몇 권 가지고 있으나 끝까지 채워 본 적은
단 한 번도 없다. 시집에 얇은 공책을 끼워 다니며 필사하고
만년필로 어설프게 그림 그리는 것을 즐긴다. 『천자문』은
열 번 넘게 베껴 썼고, 몇 번 중간에 그만둔 사서삼경을 제대로
필사하는 것이 목표다. 오래전부터 헌책방 책방지기가 되길
꿈꾸었다. 여러 직업을 전전하다 마흔 되는 해에 마침내 그 꿈을
이루어 고향에서 소소책방을 꾸리며 열심히 버티고 있다.
책방지기가 세상에서 가장 행복한 직업이라고 믿고 있다.

필사의 기초

필사의 기초

좋은 문장
잘 베껴 쓰는 법

조경국 지음

머리말
—욕심내지 말고 자투리 시간에 낙서하듯

'필사하는 법'에 대한 책을 쓰리라곤 한 번도 상상해
본 적이 없었습니다. 맥줏집에서 즐거이 책 이야기를 하다
툭 튀어나온 아이디어가 발단이었습니다. 평소 필사하길
즐기지만 이것이 과연 책으로 엮을 만한 주제인가,
생각해 본 적은 없었으니까요. 어떤 내용으로 책을
채울까에 대한 고민은 쉽게 끝났습니다. 하지만 진도가
나가질 않더군요. 시중에 나와 있는 필사책, 그러니까
베껴 쓸 문장을 왼쪽 페이지에 그리고 빈 페이지를
오른쪽에 둔 책들과는 다르게 쓰고 싶다는 바람이
컸습니다. 더구나 그동안 읽었던 책 가운데 필사와 관련
있는 내용을 다시 찾느라 꽤 시간이 많이 걸렸습니다.
평소 글을 쓸 때 인용하길 조심스러워하는 편이지만 현재
하고 있는 일이 헌책방 책방지기다 보니 책을 소개하고픈
마음이 컸습니다. 무엇보다 필사에 대한 지식을 전해
주었던 책과 저자에 졌던 빚을 조금이나마 갚고 싶었고,

얕은 경험을 앞세우기보다 이미 많은 것을 알고 있던
이들이 남긴 지식을 함께 나누고 싶기도 했습니다. 이 책에
실린 인용문은 예전에 필사하여 저축해 둔 것이 많습니다.
필사 덕을 본 셈이지요.

이 책은 '필사하는 법'에 대한 간략한 설명서입니다. 필사를
해 보고픈 분이 흔히 저지르기 쉬운 시행착오를 줄이고
재미를 느끼게 했다면 이 책은 제 몫을 다했다고 봅니다.
미리 말씀 드리건대 저의 경험이 일반론일 수 없습니다.
필사도 사람마다 하는 이유와 쓰기 방법, 사용 도구가
다르니까요. 필사하는 이유부터 이런저런 문구를
선택하는 기호까지 이 책을 절대 기준으로 삼을 수는
없죠. 그저 조금 앞서 걷는 길눈이의 안내서 정도로 가볍게
읽어 주시길 부탁드립니다.

원고를 마감하며 아쉬운 마음을 감출 수 없었습니다.
필사의 재미를 제대로 알려 줄 수 있는 책이 분명
있을 텐데, 내가 쓰고 있는 펜과 문구가 많이 부족한 것
아닌가, 글씨 내놓기 부끄럽다……. 수많은 고민에
휩싸였거든요. 필사를 처음 시작할 때는 이런 고민이 전혀
없었습니다. 어떤 펜과 공책을 쓰든 필사하는 시간이

생기는 것만으로도 좋았던 시절이 있었으니까요. 지식이 늘고 제대로 하겠다 마음먹는 순간 재미는 반감되기 시작합니다. 욕심이 생기면 자연스레 무리하게 되고 순수한 마음으로 즐기기 힘듭니다. 오랫동안 꾸준히 하길 바란다면 처음부터 욕심내면 안 됩니다. 자투리 시간을 이용해 낙서하듯 필사하는 것이 좋습니다. 오래도록 꾸준히 필사의 재미를 누리길 바랍니다.

글을 마무리하며 사랑하는 옥, 목, 각과 책이 나올 수 있도록 인연을 이어 준 아우 도선, 책방을 비울 때마다 대신 맡아 준 정애 선배에게 감사 인사 올립니다.

2016년 봄
진주 소소책방에서
조경국

차례

머리말 - 욕심내지 말고 자투리 시간에 낙서하듯   9

1. 나는 왜 필사를 시작했나   15

2. 필사를 사랑하는 몇 가지 이유   23

3. 궁극의 독서법, 필사 - 독서와 필사   35

4. 등이 굽고 허리가 휘다 - 편안한 필사자세   41

5. 필사는 언제 어디서
    - 필사하기 좋은 시간과 장소는 따로 없다   47

6. 필재가 없어도 끈기만 있으면 - 글씨에 대한 생각   53

7. 흠 - 내 글씨는 왜 예쁘지 않을까   63

8. 가지런한 크기와 반듯한 오와 열   71

9. 메모도 필사하듯 - 필사력을 키우는 방법   77

10. 베껴 쓰기를 넘어 - 필사는 자기 글을 쓰기 위한 디딤돌   85

11. 그는 쓰고 있었다 - 작품 속, 역사 속 필사 이야기   93

12. 옮겨 쓰고 싶은 책 열 권, 참고할만한 책 다섯 권
    - '무서록' 부터 '문구의 모험'까지   115

13. 문방구를 사랑하여   129
    - 필사와 문구   129
    - 문구 고르기   135
    - 나의 필사도구   140

1 　나는 왜 필사를 시작했나

"언젠가는 네가 신위를 써야지."

제사를 지낼 때 아버지는 항상 말씀하셨습니다. 아주
어린 시절부터 신위를 써야 한다는 강박이 머릿속에
존재했죠. 제사 많은 집안의 장손이라면 누구라도 그런
감정을 느끼지 않을까요. 고조부님부터 자손이 없었던
백조부님까지 기제사에 명절 차례……. 목욕재계하고

엎드려 지위 쓰는 일은 중요한 의례였습니다. 아버지 옆에
무릎 꿇고 붓글로 변변한 벼슬조차 하지 못한 할아버지들을
모셔 '학생'이라 쓸 때 이미 사람은 죽을 때까지 배워야
하는 존재가 아닐까 생각했습니다. 배운다는 건 결국 읽고
쓰는 것이 아니던가요. 어쨌거나 아버지는 돌아가시기 전에
칠칠치 못한 아들이 제사를 제대로 모시지 못할까 베껴 쓸
수 있게 신위와 축문을 단정한 글씨로 써서 넣어 두셨습니다.
지금도 제사를 지낼 때 아버지가 써 두신 신위를 꺼내
붓펜으로 그대로 옮깁니다. 아버지께서 살아 계셨더라면
분명 괴발개발인 저의 필체를 보고 엄하게 꾸짖으셨을
겁니다. 신위에 남아 있는 아버지의 필적을 마주할 때마다,
'현고학생부군 신위'顯考學生府君 神位라고 아버지의 신위를
쓸 때마다 마음이 한없이 가라앉습니다. 아버지는 가시고
조상의 혼백을 모시는 아버지의 글씨만 남았고, 저는 또
아버지를 부르는 신위를 씁니다. 결국 필사란 떠난 이를
기억하고 다시 부르는 일이 아닐까요.
글씨 쓰는 데 요령이 생긴 것도 필사를 가까이하게 된
이유입니다. 군 복무 시절, 상황실에서 주로 근무를 섰는데
칠판과 업무일지에 '누구나 알아보기 쉽게' 글씨를 써야
했습니다. '차트체'라 부르는 글씨를 군대에서 익혔는데

그러면서 약간 비딱하게 기울여 쓰는 버릇이 굳어져
버렸습니다. 고시생이 2차 필기 시험을 준비할 때 많이
연습한다는 '백강체'와 글씨가 비슷한 건 우연입니다.
남들이 봐도 알아보기 쉽고 빠르게 써야 하는 목적에
가장 최적화된 글씨가 아마 백강체인 듯한데 체본을 사서
연습하고 학원에 다니면서 익힌다는 그 글씨에 가깝게
쓰게 된 건 행운이라고 해야 할까요. 하지만 필사하다 보면
항상 글씨에 대한 아쉬움을 느낍니다. 글씨가 중요한 것은
아니라고 생각하면서도 욕심을 버리기 힘들죠. 꾸준히
필사하면 자연스레 자신만의 글씨가 만들어지고 또
그 글씨를 응용할 수 있게 됩니다. 이 책의 말미에 글씨와
필재에 대해서 다시 이야기하겠지만, 신영복 선생은
『감옥으로부터의 사색』에서 이렇게 썼습니다.

> 대부분의 사람들은 글씨란 타고나는 것이며 필재가 없는
> 사람은 아무리 노력하여도 명필이 될 수 없다고 생각합니다.
> 그러나 저는 정반대의 생각을 가지고 있습니다. 필재가
> 있는 사람의 글씨는 대체로 그 재능에 의존하기 때문에
> 일견 빼어나긴 하되 재능이 도리어 함정이 되어
> 손끝의 교巧를 벗어나기 어려운 데 비하여 필재가 없는

사람의 글씨는 손끝으로 쓰는 것이 아니라 온몸으로
쓰기 때문에 그 속에 혼신의 힘과 정성이 배어 있어서
'단련의 미'가 쟁쟁히 빛나게 됩니다.

신영복 선생의 말씀을 믿습니다. 처음부터 필재가 있는
사람은 그 재주를 믿고 꾸준히 하기 어렵지 않을까요.
둔하면 둔한 대로, 부족하면 부족한 대로, 느리면 느린 대로
자신의 길을 찾는 것이 중요하다 생각합니다. 필사도
마찬가지입니다. 무엇인가 이루려고 필사를 하는 것이
아니니까요. 필사하면서 즐거움을 얻는다면 그것으로
충분합니다. 자신만의 글씨를 얻는 것은 덤이겠죠.
기억을 되새겨 보면 필사를 습관처럼 하게 된 때는 가족과
떨어져 직장 생활을 하던 이십 대 후반부터였습니다. 주머니
가벼운 월급쟁이 신세에 아내와 아이들과는 떨어져 있으니
시간을 보내는 취미로는 필사가 안성맞춤이었습니다.
약간의 여유가 있으면 헌책방을 돌며 책을 사고 가끔 사진을
찍으러 다니는 일 외에 작은 원룸에 박혀 있을 때면 라디오를
켜 놓고 책에 좋은 문장이 나오는 대로 아무 노트에나
필사했습니다. 말이 좋아 필사지 실은 경제 여유가 없는
처지의 궁여지책이었습니다. 열 평도 채 되지 않는 좁은

원룸에 책만 잔뜩 쌓아 놓고 아내와 아이들과 떨어져
사는 비루한 홀아비(?)가 즐길 수 있는 일은 그리 많지
않았습니다. 필사를 본격적으로 시작한 이유는 이처럼
현실적인 것이었죠. 당시 여유가 있었더라면 방에 엎드려
있진 않았을 것입니다. 그리고 직장 생활이 대부분 다른
이의 글을 읽거나 취재 혹은 인터뷰하는 일이었던지라
메모는 일상이었습니다. 무엇보다 돌아서면 잊어버리는
매우 나쁜 기억력을 가진 터라 보고 들은 내용을 정확하게
옮겨 써야만 마음을 놓을 수 있었습니다. 제대로 베껴
쓰지 않았을 때의 불안감도 필사에 집착하게 만든 이유 중
하나입니다. 출구가 보이지 않았던 캄캄한 그 시절을
견디게 해 준 것은 독서와 필사였습니다. 지나고 생각해
보니 그 시절 그리 엎드려 책 읽고 필사했던 것은
큰 복이었습니다. 풀풀 날리던 가벼운 성정을 조금이나마
가라앉힐 수 있었던 것도 독서와 필사의 덕이 컸습니다.
이런저런 강제가 결국 습習을 만든 셈이군요.
'필사의 즐거움'은 서울 직장 생활을 접고 고향에 내려와
몸과 마음 모두 여유가 생기면서 깨닫게 되었습니다. 저의
직업이 헌책방 책방지기라 느긋하게 필사의 즐거움을
누릴 수 있게 된 까닭도 있죠. 돈 버는 일과 상극(?)이긴

하나 세상에서 가장 행복한 직업입니다. 독서와 필사가 일상일 수 있는 직업이 세상에 몇 가지나 될까요. 실은 독서와 필사는 극히 일부분일 뿐이고 '정리'로 대부분의 시간을 보냅니다만.

오에 겐자부로는 『'나의 나무' 아래서』에서 자신의 어린 시절을 이렇게 회상했습니다.

> 어린 내가, 자기 마음에 든 책에서, 고전도 포함해서,
> 한 구절을 옮겨 적는 습관을 들인 것은 무엇 때문이었을까요?
> 우선 책을 사서 내 것으로 하기 꽤 어려웠다는 점을 꼽겠습니다.
> 이웃 마을에 책방이 있었지만, 새로운 책이 들어오지
> 않았습니다. 돈도 없었습니다. 그렇지만 역시 그것은 내가
> 종이에 글을 옮겨 적는 일을 좋아하는 소년이었기 때문입니다.
> 몇 번씩 옮기면서 정확하게 익히려는 마음도 생겼습니다.
> 부정확하게 익히는 것은 익히지 않는 것보다 훨씬 나쁘다고
> 아버지가 내게 말씀했습니다.

이제 "종이에 글을 옮겨 적는 일을 좋아하는 소년"의 마음으로 필사합니다. 좋은 문장을 보면 다시 곱씹고 싶기 때문이며, 내 것으로 만들고 싶은 욕심이 있어서라기보다

종이에 글을 옮겨 적는 일을 무엇보다 즐거워하기
때문입니다.

필사는 책과 펜과 노트를 동무 삼아 '삶을 정제'하는
행위라고 생각합니다. 고요가 내려앉은 밤 책상 앞에
깍지를 끼고 앉아 책방에 팔려 온 물먹고 낡은 책의
프롤로그에 박힌 시를 외워 옮깁니다.

삶 가운데에서 예술을 배우고, 예술작품 안에서 삶을 배우라.

어느 한쪽을 옳게 알면, 다른 한쪽도 알게 되리라.

— F. 횔덜린, 「다섯 편의 에피그램」

2   필사를 사랑하는 몇 가지 이유

필사가 재미있는지 묻는 분이 가끔 계십니다. 재밌을 수도 있고 그렇지 않을 수도 있다고 말씀드립니다만, 책을 놓고 그 내용을 그대로 옮기는 일을 "정말 재밌어요"라고 과장해서 말할 수는 없군요. 재미만 놓고 보자면 필사가 아니더라도 얼마나 많은 일이 있나요. 하지만 필사만이 가진 매력은 단순한 '재미'를 뛰어넘습니다. 이 책을 손에 쥐고 있는 분이라면 적어도 필사에 관심을 가진 분이라 생각합니다. 한 번쯤 필사를 해 보려 하거나 실천에 옮겼거나, 혹은 잠시 쉬고 있는 분일 수 있겠습니다.

필사의 매력 중 첫 번째는 오롯이 나만의 시간을 가질 수 있다는 점입니다. 필사를 하고 있는 동안에는 나에게 영향을 주는 모든 것에서 독립할 수 있습니다. 따져 보면 혼자 무엇인가 하는 시간은 나에게 주어진 시간에서 극히 일부입니다. 회사, 가족, 친구……. 그리고 이렇게 저렇게 엮인 관계에 신경 쓰다 보면 정작 자신을 돌아볼 시간을

내기가 좀처럼 쉽지 않습니다. 어쩌다 혼자 있는 시간이
생기더라도 안절부절 불안해하거나 무얼 할지 모르고 시간만
보내기 십상입니다. 그럴 때 필사는 좋은 동무가 됩니다.
격식이나 예법을 달갑게 여기지 않지만, 필사를 할 때는
준비하는 시간조차 즐겁습니다. 정돈한 책상 앞에 가만히
홀로 앉아 책과 필통과 공책을 꺼내고 어떤 펜을 쓸까 고르는
순간의 즐거움은 소소하지만 무엇과도 바꿀 수 없죠. 다음은
제가 2015년 5월 11일에 쓴 일기입니다.

· 내가 할 수 있는 것과 할 수 없는 것을
깨닫기까지 오랜 시험이 필요했다.
(다른 곳에서야 가능했다)
· 내가 할 수 있는 일 중에 하나는 '쓰는 일'이다.
새로운 것을 쓰는 일이 아니라 누군가의 글을
베껴 쓰는 일이다. 베껴 쓰는 일은 오래
전부터 즐거워했지만 예전에는 사치적인
놀이에 불과했다. 별 것 아니라 여겼으나
단순한 재미 이상의 열매가 있다.
그래서 가까운 이들에게 즉흥적으로
권하곤 한다. 무엇보다 베껴쓰기를 하고
있으면 나서 견뎌낼 수 없는 시기들에
잠시라도 납작을 얹는 느낌이다.
· 오에 겐자부로는 <나의 나무 아래서>의
대목을 '말을 옮겨적다' 편에 이렇게
썼다. 자극한 즐거움에 정성적음을 보태야
또 다음 장으로 넘어갈 수 있는 법이다.

어린 내가, 자기 마음에 든 책에서,
고전도 포함해서, 한 구절을 옮겨 적는 습관을
들인 것은 무엇 때문이었을까요? 우선 책을
사서 내 것으로 하기 어려웠다는 점을
꼽겠습니다. 이웃 마을에 책방이 있었지만
새로운 책이 들어오지 않았습니다. 돈도
없었습니다. 그렇지만 역시 그것은 내가
종이에 글을 옮겨 적는 일을 좋아하는
성격이었기 때문입니다. 몇 번씩이나
옮기면서 정확하게 외우려는 마음도
생겼습니다. 부정확하게 외우는 것은
외우지 않는 것보다 훨씬 더 나쁘다고
아버지가 내게 말씀했습니다. 그리고
나는 확실하게 책에서 외운 것을,
그것도 재미있게 언제나 이야기 도중에
집어넣을 수 있는 사람을 존경했습니다.

저도 처음에는 단순히 '기계적인 베껴 쓰기'를 했습니다. 무료한 시간을 보내기 위해서였죠. 음악을 들으며 머릿속을 비우곤 아무 글이나 공책에 옮겨 적었는데 지금 생각해 보면 왜 그랬을까 싶습니다. A4 종이의 이면지를 반으로 잘라 묶어 필사하곤 찢어 휴지통에 버리는 일을 반복했습니다. 그런 시간이 꽤 지나서야 공책을 구입해 제대로 필사를 시작했습니다. 처음에는 읽고 있던 책에서 마음에 드는 문장을 필사했습니다. 나중에는 시집 한 권을 옮겨 쓰고, 천자문도 베껴 쓰게 되었습니다. 시간을 보내기 위해서 시작했던 일이 나중에는 재밌고 즐거운 일로 서서히 바뀌더군요.

두 번째 즐거움은 차분한 마음을 얻을 수 있다는 점입니다. 풀풀 날리고 방정맞은 마음이 필사할 때면 차분히 가라앉더군요. 필사를 하는 동안이나마 나은 인간으로 살 수 있다는 뿌듯함을 무엇에 비기겠습니까. '필사는 곧 삶의 성찰'이라고 봅니다. 좋은 문장을 옮길 때 잠시 나와 그 글을 쓴 이의 삶을 나란히 놓을 수 있습니다. 펜을 들어 베끼는 동안 그의 삶으로 들어가 그의 이름으로 사는 것이지요. 다음은 폴 엘뤼아르의 시 「자유」 중 일부입니다. 다른 이의 문장을 옮기는 필사는 따지고 보면 "그대 이름을 적는" 일과 같을 수도 있겠습니다.

나의 공책 위에

나의 책상과 나무 위에

모래 위에 눈 위에

나는 그대 이름을 적는다

내가 읽은 모든 페이지 위에

모든 백지 위에

돌과 피와 종이와 재 위에

나는 그대 이름을 적는다

황금빛 조각 위에

병사들의 총칼 위에

제왕들의 왕관 위에

나는 그대 이름을 적는다

밀림과 사막 위에

새 둥지 위에 금작화 나무 위에

내 어린 시절의 메아리 위에

나는 그대 이름을 적는다

밤의 경이 위에
일상의 흰 빵 위에
약혼 시절 위에
나는 그대 이름을 적는다

나의 하늘빛 옷자락 위에
태양이 녹슨 연못 위에
달빛이 싱싱한 호수 위에
나는 그대 이름을 적는다

들판 위에 지평선 위에
새들의 날개 위에
그리고 풍차의 그림자 위에
나는 그대 이름을 적는다

새벽의 입김 위에
바다 위의 배 위에
미친 듯한 산 위에

나는 그대 이름을 적는다

구름의 거품 위에
폭풍의 땀방울 위에
굵고 멋없는 빗방울 위에
나는 그대 이름을 적는다

(하략)

세 번째 즐거움은 '기억의 연장'에 있습니다. 돌아서면 반은 잊어버리고 다시 고개를 돌리면 남은 절반의 반을 까먹고……. 하룻밤 자고 나면 무엇을 했는지조차 희미한 박약한 기억력을 필사로 보완합니다. 보고 듣는 것에 그치지 않고 손으로 쓰면 기억은 오래갑니다. 반복하면 더 강한 효과를 볼 수 있지요. 요령이 생기면 항상 불충분한 기억력을 효율적으로 보완할 수 있습니다. 필사한 글들을 주제별로 나눠 축적할 수 있다면 '기억의 연장'을 넘어 콘텐츠를 생산하는 디딤돌이 될 수도 있습니다. 평생 오백 권이 넘는 책을 썼던 다산 정약용은 이렇게 말했습니다. 『다산선생 지식경영법』에서 옮깁니다. 이렇게 끊임없이 메모하고 기록하는 것을 '수사차록법'隨思箚錄法이라 합니다.

> 부지런히 메모하라. 쉬지 말고 적어라. 기억은 흐려지고
> 생각은 사라진다. 머리를 믿지 말고 손을 믿어라.
> 기록은 생각의 실마리다. 기록이 있어야 기억이 복원된다.
> 습관처럼 적고 본능으로 기록하라.

오랫동안 필사를 하다 보면 자신이 좋아하는 분야가
생깁니다. 처음에는 이것저것 아무 생각 없이 했지만
사진이나 책에 관한 책을 좋아하다 보니 필사도
그 분야에 대해 자연스레 많이 하게 되더군요. 뒤죽박죽
필사하던 것도 따로 공책을 마련해 집중하게 되었습니다.
스쳐가듯 읽은 문장이라도 스마트폰으로 사진을 찍거나
메모하곤 다시 옮겨 씁니다. 공책을 채우며 단 한 권뿐인
나만의 책을 만드는 기분입니다. 짧막한 단상이라도
꾸준히 기록해 모으면 저작이 될 수 있죠. 2011년 출판사
편집자로 일하며 사진가 전민조 선생님의 『사진이
모든 것을 말해주었다』를 엮은 적이 있습니다. 『동아일보』
사진 기자로 오랫동안 일했던 선생님은 책이나 신문, 잡지,
방송에 나오는 '사진에 관한 말'을 수집했습니다. '워홀에서

히틀러까지, 688명이 말한 사진'이라는 부제가 붙은 이 책을
만들며, 사소한 기록도 세월이 흘러 쌓이면 훌륭한 저작이
될 수 있다는 사실을 깨달았습니다.

네 번째 즐거움은 돈이 거의 들지 않는다는 점입니다.
현실적인 이유죠. 욕심을 내면 끝이 없겠지만 지금 가진
것만으로도 충분히 아주 오랫동안 즐길 수 있습니다.
필사할 책, 펜과 공책만 있으면 되니까요. 자투리 시간을
보낼 때도 필사는 더할 나위 없습니다. 주변을 둘러보면
널린 것이 펜과 공책이니까 처음 시작할 때 굳이 돈 들여 비싼
필기구나 노트를 구입할 필요가 없습니다. 몸에 밸 때까진
평소 사용하던 공책이나 버리기도 아깝고 쓰기도 애매했던
공책 그리고 서랍 속에 있던 필기구만으로 충분합니다.
기왕이면 평소 가지고 다니는 펜과 공책을 사용하는 편이
좋습니다. 적어도 공책 한 권은 끝까지 써 보고 다음 단계로
넘어가면 좋습니다. 필사가 할 만하구나 하는 감이 올 때
필요한 것을 업그레이드(?)해도 늦지 않죠.

마지막 즐거움은 경쟁할 필요가 없다는 것이군요. 승부를
내야 하는 것도 아니고, 남에게 보여 줄 것도 아니고
누군가에게 쫓길 필요도 없습니다. 시간을 내서 하염없이
쓰기만 하면 됩니다. 빨리 쓸 필요도 없죠. 아주 천천히 문장을

곱씹으며 쓰는 동안 누리는 즐거움은 한정이 없습니다.
물론 다른 즐거움들이 더 있을 텐데요. 이 정도만 해도
할 만하지 않나요?

3 궁극의 독서법, 필사
─독서와 필사

내게 독서란 그런 것이다. 책 읽는 몰입, 그것이 없었다면
나의 사랑은 가뭄을 타고 말라 시들었을 것이다. 아니,
말라 시들어 빠졌을 것이 틀림없다. 내가 사랑을 경험하지
못했다면 내 책꽂이는 '고물 상자'의 참혹한 운명을 면하기
어려웠을 것이다. 내게는 모든 책읽기가 그랬다. 그렇지
못한 책은 내동댕이쳐졌다. 그러다가 어느 마트의 영수증과
같은 꼴이 되곤 했다. 안 읽는 것이 귀한 시간을 버는 셈이 될,
그런 책은 막다른 골목에서 싫은 여자와 맞닥뜨리는 것이나
진배없었다. 그래서 내가 사랑처럼 몰입했다기보다 아예
사랑으로서 몰입한 것, 그것은 오직 책뿐이었다. 편견이
꺼들었다 해도 그것은 누가 시비 걸 문제가 못 된다.
— 김열규, 『공부』에서

지금은 나오지 않는 잡지 『브뤼트』에서 김열규 선생의
서재를 취재한 기사를 읽은 적이 있습니다. 책이 빼곡하게
쌓인 서재에서 선생님은 책상 앞에 앉아 무언가 쓰고 계셨죠.
미간의 주름이 잡혀 있었으나 지극한 즐거움을 느끼고
계신 듯했습니다.

다산 정약용은 독서의 방법에는 다섯 가지가 있다고
했습니다. 두루 읽는 박학博學, 자세히 묻는 심문審問,
신중하게 생각하는 신사愼思, 명백하게 분별하는 명변明辯,
읽고 성실하게 실천하는 독행篤行입니다. 선비들이
박학에만 빠져 다른 것은 가벼이 여긴다고 탄식했죠. 두루
읽는 것도 좋지만 심문, 신사, 명변, 독행으로 이어지지
않는다면 독서를 완성할 수 없다고 생각하니 막막합니다.

> 대체로 글이란 눈으로 보고 입으로 읽는 것보다 손으로
> 직접 한 번 써 보는 것이 백 배 낫다. 손이 움직이는 대로
> 반드시 마음이 따르므로, 20번을 읽고 외운다 하더라도
> 힘들여 한 번 써 보는 것만 못하기 때문이다. 하물며 가장
> 중요한 내용을 밝혀낸다면 일을 살피는 데 자세하지 않을 수
> 없고, 감추어진 이치를 반드시 끄집어낸다면 생각하는 것이
> 정확하고 세밀하지 않을 수 있겠는가? 또 그 가운데 같거나
> 다른 내용을 깊게 살피고, 옳고 그른 점을 판단해
> 의심나는 곳을 기록한 다음에 잘잘못을 가리는 자신의
> 이론과 논리를 덧붙여 보라. 그렇게 되면 지혜는 더욱
> 깊어질 것이고, 마음이 누리는 안정은 더욱 단단해질 것이다.
> ─이덕무, 「사소절」에서

이덕무는 가난하여 책을 살 형편이 되질 않았고 굶기를
예사로 했지만 책 읽기를 멈추지 않았습니다. 배고픔을
이기지 못해『맹자』를 내다 팔아 그 돈으로 쌀을 사고,
그 이야기를 전해 들은 유득공이『좌씨전』을 팔아 술을 사서
함께 밤새 마셨다는 가슴 찡한 일화를 어디선가 읽은 적이
있습니다. 이덕무는 수만 권의 책을 읽고 또 살 수 없는 책은
빌려 와 베끼기를 반복했습니다. 그가 남긴『청장관전서』는
조선 후기를 대표하는 빼어난 명저이자 백과사전입니다.
역사와 지리에서 시작해 산천초목, 동물까지 다루지 않은
분야가 없습니다. 그의 이 모든 것은 기록으로 남기는
습관, 필사에서 시작되었다고 할 수 있습니다. 이덕무는
빌려 온 책을 필사할 때 종이를 아끼기 위해 파리 대가리만큼
작은 글씨라는 뜻의 '승두세서'蠅頭細書로 수백 권을 썼는데도
글씨가 흐트러지지 않고 항상 단정했다고 합니다.
제가 보기에 독행을 제외한 나머지 네 가지 독서의 방법을
제대로 실천할 수 있는 방법은 필사인 듯합니다. 스무 번을
읽고 외운 것보다 공들여 한 번 써 보는 것이 심문과 신사와
명변에 가장 가까운 방식이 아닐까 합니다. 눈으로 읽는
것은 아침 햇살에 흩어지는 안개와 같아서 여간 집중해서

읽지 않으면 머릿속에 남는 것이 별로 없습니다. 하지만 노트에 옮기면 훨씬 오래 기억할 수 있고, 다시 살펴보기도 쉽습니다. 필사를 시작하기 전, 독서 습관을 먼저 갖는 것이 중요합니다. 평소 책 읽는 습관이 없는데 필사를 하는 것은 거의 불가능한 일입니다. 필사는 가장 순수한 독서라 생각합니다. 책을 이룬 문장의 활자를 그대로 써서 옮기며 곱씹는 행위죠. 더디고 고통이 따르기도 합니다만 어떤 독서법보다 큰 만족감을 줍니다.

하지만 필사가 비효율적이라고 비판한 이도 있습니다. 『센티멘털』의 작가 히라노 게이치로는 『책을 읽는 방법』에서 "정확하게 베껴 쓰기 위해서는 아무래도 원본을 자주 확인하게 되고, 그러다 보면 문장의 흐름이 끊겨 버려 정작 중요한 리듬도 전혀 파악할 수 없게 된다"고 했습니다. 타당한 지적입니다. 문장의 리듬을 살리기 위해선 필사 이전에 책의 내용을 충분히 숙지하는 것이 중요합니다. 먼저 읽고 필사할 만한 곳을 표시해 두었다가 일독하고 난 다음 필사하는 것이 좋습니다. 처음 읽기 시작한 책을 놓고 바로 필사하는 것은 익히지 않은 음식을 먹는 것과 같겠죠. 충분히 자기 것으로 만든 다음 필사로 넘어가는 것이 현명합니다.

다시 이 글의 첫머리로 돌아가 김열규 선생의 다른 책
『독서』를 펼칩니다. 김열규 선생은 "꽃은 새로울수록 좋고
정은 묵을수록 좋은 것! 책은 양수겸장兩手兼將이다. 금방
사서 펴든 새 책에서는, 갓 핀 장미의 향이 난다. 오래오래
읽고 묵힌 책에서는 폴폴 정의 냄새가 난다"라고 했습니다.
그리고 '책 맛'은 묵은 된장 맛이라고 합니다. 깜박 사랑으로
시작했지만 책장을 넘길수록 맛있는 음식을 곱씹듯이
'곱읽기'하는 책들이 있습니다. 오래 함께할 책이 한 권씩
늘어갈 때마다 필사하는 문장도 쌓입니다. 필사의 맛도
사실은 묵은 된장 맛과 비슷하지 않을까 싶습니다.

등이 굽고 허리가 휘다

4

─편안한 필사 자세

춥고 무더운, 열악한 환경 속에서 날마다 갈대 혹은
새의 날개뼈로 만든 펜을 오른손에, 작은 칼―펜과 칼이
사자생(필사공)의 상징물이었다―을 왼손에 꼭 쥐고 책상에
엎드려 할당된 책임량을 채워야 했던 사자생들은 완성된 사본의
말미에 보람과 기쁨과 쌓인 고통, 그리고 불만을
토로하곤 하였다. "성모 마리아여, 사자생을 지켜 주소서."
"여기서 이 책은 끝난다. 나의 손은 그것을 기뻐한다."
"펜의 대가로 예쁜 아가씨를 주소서."
―라이너 마리아 릴케, 『두이노의 비가 외』에서

지금이야 옛 수도원의 필사공에 비할 수 없죠. 그들에게
필사가 고통스러운 업이었다면 저나 여러분에겐 호사스러운
취미라고 해야겠지요. 너무나 안락하고 풍족한 환경에서
필사를 '즐길 수 있습니다.' 아무리 환경이 좋다 해도, 취미라
해도 필사는 통증과 피로를 불러옵니다. 처음에 꼿꼿하게
바른 자세로 책상 앞에 앉아 시작하지만 시간이 지날수록
공책을 채울수록 몸은 한쪽으로 기울고 눈은 침침해지고
손가락과 손목은 욱신거립니다. 어떤 일이든 과하면 모자람만
못합니다. 필사도 마찬가지입니다. 아무리 필사가 재미있다

하더라도 몸을 혹사하면서까지 할 필요는 없겠지요.

저는 하루 삼십 분, 시 두 편이나 두어 단락 좋은 문장을 옮기는 것이 가장 좋다고 생각합니다. 많은 분량을 정해 두고 몰입하기보다 조금씩 쉬엄쉬엄 꾸준히 하길 권합니다. 필사하기 전에 먼저 몸을 쭉 펴고 스트레칭을 하세요. 펜 들고 글 쓰는데 무슨 스트레칭이냐 할 수 있겠지만 근육의 긴장을 풀고 하면 더 즐겁게 오래 필사할 수 있습니다. 많은 사람이 종일 컴퓨터 앞에 앉아 있는데, 필사하며 몸을 더 혹사할 필요는 없지요. 바른 글씨를 원하면 몸도 바르게 세워야 합니다. 몸의 균형이 흐트러지면 글씨도 엉망으로 나옵니다. 오래 필사하기도 힘들고요. 책상과 몸 사이는 주먹 하나 들어갈 정도 여유를 두고 바르게 몸을 세운 다음 손에 힘을 빼고 필사하세요. 책을 독서대에 두고, 조명은 글씨를 쓰는 데 그늘지지 않도록 왼쪽에 두는 편이 좋습니다. 왼손으로 글씨를 쓴다면 그 반대겠죠.

펜을 잡을 때는 가볍게 쥐되 엄지손가락에 힘을 줘서는 안 됩니다. 젓가락을 쥐는 것과 같은 요령이라 생각하면 쉽습니다. 글씨를 쓸 때 손에 힘을 주면 글씨를 부드럽게 이어 가기 힘듭니다. 특히 만년필을 사용할 때는 너무 힘을 쥐서 눌러 쓰면 닙이 고장 날 수도 있으니 조심해야 합니다.
그리고 글씨를 쓰거나 그림을 그릴 때, 한 번 그은 곳에
다시 펜을 대는 '개칠'改漆을 하지 않도록 주의해야 합니다.
손가락의 역할을 나누자면 엄지손가락은 펜을 가볍게
지탱하고, 집게손가락과 가운뎃손가락은 가로와 세로를 긋고,
넷째 손가락과 새끼손가락으로 탄력을 줍니다. 펜의 각도는
45도가 가장 적당합니다만, 손의 생김새가 다르니 그 각도도
약간씩 다를 수밖에 없지요. 손바닥 안쪽은 달걀 모양으로
모으고 엄지손가락과 집게손가락으로 펜을 살짝 잡고 나머지
손가락으로 자연스럽게 받칩니다. 글씨를 쓸 때 필압과
리듬을 느껴 보세요. 글자마다 모양이 다르기 때문에 필압,
속도, 리듬이 다를 수밖에 없습니다. 글씨를 쓰기 시작할 때와
마무리할 때, 꺾을 때, 삐칠 때 모두 같은 속도라면 글씨도
무미건조할 수밖에 없습니다. 펜이 종이 위에서 노는 범위는
좁지만 서예가의 운필이나 마찬가지입니다. 펜으로 글씨를
쓸 때 필요 없는 장식이나 점, 획을 붙일 필요는 없습니다.
직선을 제대로 긋는 것이 중요합니다.
필사하다 목이 뻣뻣하고 허리가 휘고, 자세가 기울어지는
순간에는 펜을 놓고 쉬어야 합니다. 아무리 필사가 즐겁다
해도 건강을 해치면 지속할 수 없으니까요. 그런데 건강이

나빠져 글쓰기를 시작한 작가도 있더군요. 물리학자이자
수필가였던 데라다 도라히코는 위궤양으로 병원에
입원하면서 본격적으로 글을 쓰기 시작했습니다. 쓰루가야
신이치의 『책을 읽고 양을 잃다』에는 그에 관한 몇 가지
일화가 나옵니다. 데라다 도라히코의 글은 "수수께끼가
풀려 가는 재미가 있고," "사고가 조금도 멈추지 않고
문장과 보조를 맞추며 경쾌하게 진행되어 가는 상쾌함이
있으며," "표현은 명쾌하면서 그 정신은 깊다"고
칭찬합니다. 데라다 도라히코의 글을 필사하고 싶었으나
번역된 종이책을 찾을 수 없었습니다(아쉽게도
전자책으로만 나와 있습니다). 무엇보다 그의 작품에는
옅은 비애감이 있다고 하였는데, "과학적인 수필에서까지
옅은 쓸쓸함"을 주는 그의 문장이 궁금했습니다. 『책을
읽고 양을 잃다』에 실린 그의 일기에는 건강이 나쁜 그가
소망하는 것이 적혀 있습니다.

> 최근 보어◆를 만나고 온 친구의 이야기에 따르면 아직 젊은
> 이 학자는 가까운 시골에 작은 별장을 지어 놓고 시간이
> 날 때마다 그곳에 간다고 한다. 그러한 평화로운 환경과
> 신선한 공기 속에서 생각을 하고 떠오르는 착상을 펜으로

◆ 노벨 물리학상을 받은 닐스 보어

적는다. 어찌 보면 그럴 때 그의 머릿속에서 여러 가지 독창적인
사고의 배아가 떠오른다고 한다.

　　―쓰루가야 신이치, 『책을 읽고 양을 잃다』에서

건강이 나빴음에도 글쓰기를 멈추지 않고, 감정을 넘치지
않게 다스리며 문장에 담을 수 있는 그 힘은 어디에서 오는지
궁금했습니다. 먼저 건강을 해치지 않는 것이 무엇보다
중요하겠지만, 병들고 늙는 것은 당연한 일이니 그럼에도
꾸준히 일기를 쓰고 또 기록하는 인간으로 살 수 있어야
할 텐데요.

5 필사는 언제 어디서
—필사하기 좋은 시간과 장소는 따로 없다

필사하기 좋은 시간과 장소는 따로 없습니다. 이건 사람의
처지에 따라 다를 수밖에 없겠지요. 고요한 밤, 자세를
곧추세우고 정돈된 책상 앞에 앉아 필사하는 것이 가장
이상적이겠지만, 경험에 비춰 보면 누군가를 기다릴 때나
여행의 자투리 시간에 책을 펴고 필사하는 경우가
많았습니다. 오히려 여유가 있는 휴일이거나 마음먹고
필사하겠다고 책상에 앉으면 딴 곳에 정신이 팔렸죠. 워낙
성정이 가볍고 여기저기 돌아다니는 것을 좋아하는지라
필사할 시간이 넉넉하게 생긴다면 길 위에 있는 편이
낫다는 마음은 예나 지금이나 변함이 없습니다.
필사에 가장 좋은 시간과 장소를 굳이 꼽는다면 더운
나라로 여행을 떠나 한낮 더위를 피해 들어간 카페에서
커피를 마시며 잠시 쉬는 틈이 가장 완벽한 시간인
듯하군요. 두 번째로는 역시 손님 한 명 없는 적막한
책방에서 책을 펴 놓고 무료한 시간을 보내는 평일 오후를

꼽겠습니다. 세 번째는 저의 바람인데, 따뜻한 봄, 가까이 있는 다솔사 소나무 숲 나무 그늘에 앉아 작은 수첩을 펴고 필사하면 좋겠습니다. (다솔사는 김동리가 「등신불」을 집필했던 곳으로 경남 사천시 곤양면에 있습니다.)

사실 필사에 좋은 시간과 장소는 그때그때 상황에 따라 다르겠지요. 아무래도 필사를 하려면 사위가 고요할수록 좋습니다. 낮보다는 밤이, 봄이나 여름보다 가을이나 겨울이 더 좋겠군요. 누구에게도 방해받지 않을 공간이나 서재가 있다면 금상첨화겠지요. 『홍길동전』을 쓴 허균은 『한정록』에서 독서하기 좋은 때에 대해 이런 글을 남겼습니다.

독서에는 독서하기 좋은 때가 있다. 그러므로 위나라 동우董遇의 '삼여三餘의 설'이 가장 일리가 있다. 그는 말하기를 "밤은 낮의 여분이요, 비 오는 날은 보통날의 여분이요, 겨울이란 한 해의 여분이다. 이 여분의 시간에는 사람의 일이 다소 뜸하여 한마음으로 집중하여 공부할 수 있다." 그러면 어떻게 하는가? 맑은 날에 고요히 앉아 등불을 켜고 차를 달이면, 온 세상은 죽은 듯 고요하고 간간이 종소리가 들려온다. 이러한 아름다운 정경 속에서 책을 대하여 피로를 잊고, 이부자리를 걷어서 얹어 여자를 가까이하지 않는다.

이것이 첫째 즐거움이다. 비바람이 길을 막으면 문을 잠그고 방을 깨끗이 청소한다. 사람의 출입이 끊어지고 서책은 앞에 가득히 쌓였다. 흥에 따라 아무 책이나 뽑아 든다. 시냇물 소리는 졸졸졸 들려오고 처마 밑 고드름에 벼루를 씻는다. 이처럼 그윽한 고요가 둘째 즐거움이다. 또 낙엽이 진 나무숲에 세모歲暮는 저물고, 싸락눈이 내리거나 눈이 깊게 쌓인다. 마른 나뭇가지를 바람이 흔들며 지나가면 겨울새는 들녘에서 우짖는다. 방 안에서 난로를 끼고 앉으면 차 향기에 술이 익는다. 그때 시사詩詞를 모아 엮으면 좋은 친구를 대하는 것 같다. 이러한 정경이 셋째 즐거움이다.

— 허균, 『숨어 사는 즐거움』에서

동우의 '삼여의 설'에 따르면 '겨울비 내리는 밤'이 책을 펴놓고 필사하기에 가장 완벽한 시간이군요. 해만 저물면 고요를 누릴 수 있었던 그들의 시대가 살짝 부럽기도 합니다. 사실 현대인은 필요 이상의 빛과 소리 그리고 관계에 노출되어 있습니다. 피로를 느끼면서도 거기에 익숙해지면 홀로 있는 시간을 견디지 못하고 두려워합니다. 가끔은 오롯이 혼자 있는 시간이 필요한데도 말이죠. 필사는 외로움을 견디고 굳은 마음을 누그러뜨리는 힘이 있습니다.

필사하기 좋은 시간을 알아보았으니 완벽한 공간도
살펴볼까요.

> 내 이 세상 도처에서 쉴 곳을 찾아보았으되, 마침내 찾아낸,
> 책이 있는 구석방보다 나은 곳은 없더라.

움베르토 에코의 소설 『장미의 이름』 「서문」에 나오는 중세
독일의 신비주의자 토마스 아 켐피스의 말입니다. 함석헌
선생도 그와 비슷한 이야기를 하셨죠.

> 그대는 골방을 가졌는가?
> 이 세상의 소리가 들리지 않는
> 이 세상의 냄새가 들어오지 않는
> 은밀한 골방을 그대는 가졌는가?
> ─함석헌, 「수평선 너머」에서

책방을 열기 전 저런 골방을 가진 적이 있습니다. 재래시장
번영회 사무실이었던 여섯 평 남짓한 낡고 좁은 공간이었죠.
시장 안에 있었는데도 세상과 단절된 듯 고요해서 삼 년가량

책과 함께 행복한 시간을 보낼 수 있었습니다. 사방 책을 쌓아 놓고 종일 그곳을 벗어나지 않았죠. 만나는 사람도 한 달 내내 손가락으로 꼽을 정도였으니까요. 일 년 가까이 강화도에 있는 폐교 숙직실에서 산 적도 있습니다. 거의 사람이 오지 않았던 첫 석 달은 독서하기에 완벽한 시간이었습니다. 강당 서가에는 책이 가득 쌓여 있었고 해가 지면 사방이 고요했습니다. 두 번이나 완벽한 필사의 공간과 시간을 경험했는데 항상 부족하다는 아쉬움이 드는 것은 왜일까요. 지금 책방도 그에 못지않게 필사하기 좋은 곳이지만 항상 정리할 책들이 넘쳐나고 이리저리 책에 치어 지치기 일쑤죠. 전생에 책에 진 죄가 많은 듯합니다. 진시황이 분서갱유할 적에 책에 불을 지른 병졸이 아니었을까 싶군요.

이미 첫 문장에 썼지만, 필사하기 완벽한 시간과 공간은 따로 있는 것이 아닙니다. 자투리 시간에 책과 노트를 펼 수 있는 작은 공간만 있다면 그것으로 충분합니다. 최근 필사했던 글을 소개합니다. P. G. 해머튼의 『지적 생활의 즐거움』에 나오는 글입니다. 그를 "불면의 시간을 안타까워하며 펜을 쥐었던 경험"으로 이끈 그것이 궁금합니다.

목숨이 붙은 것들은 언젠가 떠나야 합니다.
그것이 나를 부끄럽게 합니다. 언젠가는
떠나야 할 이 삶에 나는 왜 이리도 미련을
갖고 살아가는지, 생각할수록 부끄럽습니다.
언젠가는 나를 떠나게 될 그 무엇에 왜
그토록 초조해 하는지, 뒤돌아볼수록 부끄럽
기만 합니다. 가구 하나 책 한 권도
나의 것이 아닙니다. 나름대로 목숨을
갖춘 존재들입니다. 붓자이 썩고 책갈피의
수명이 다해지면 나를 떠날 것입니다.
나의 그리움과 애틋함스다워인 동정을 베풀
지 않을 것입니다. 그럼에도 나는 이것들이
나의 것이라며, 내가 허락지 않는 한
제 마음대로 나를 떠나지 못할 것이라고
장담하며 살아왔던 것은 아닌지요.
그 편협한 애증이 나를 부끄럽게 만듭
니다. 내게 서재의 책들과 책상에 대한
권리가 있다면, 함께 했던 정신적
공유가 전부입니다. 늦은 밤, 자성의
요구에 잠들지 못하며 책장을 넘기고,

불면의 시간들을 안타까워하며 펜을
쥐었던 경험이야 말로, 내가 소유한
모든 것입니다. - P. G. 해머튼

6 필재가 없어도 끈기만 있으면
―글씨에 대한 생각

벼르고 벼르던 추사(김정희)의 글씨 한 폭을 내 빈한한

서재에 걸어 놓을 수 있게 되었다. 아내는

"또 당신 예산에 없는 일을 하는구려."

했었다.

"아니지, 왜 예산이 없긴. 올겨울엔 양복을 짓지 않구

조선옷으로만 견디리다. 적어두 팔, 구십 원이 절약이

될 텐데…….”

대답하였다. 이번만은 아내도 더 나에게 경제학을

말하지 않았다.

이가 하나 저리기 시작했다. 내가 아프다니깐 아내도

“나두 하나.”

하고 입술을 들어 보였다.

나는 이 하나를 고치러 가서 다른 여섯이 거의 동일한

운명에 있는 것을 발견했다. 아내도 하나를 고치러 가서

넷까지 고쳐야 할 성적이었다. 우리는 갑자기 백 수십 원이

필요하게 되었다.

“여보게, 돈 좀 꾸어 주게.”

친구는 또 나의 몇 점 안 되는 골동품에 조소하는 시선을

보냈다.

—이태준, 『책만은 책보다 冊으로 쓰고 싶다』에서

별 가진 것 없는 사내가 평소 좋아했던 추사의 작품을 사서

서재에 걸어 놓고 좋아했더니, 그걸 물끄러미 본 아내가

핀잔을 줍니다. 사내는 대신 싼 옷을 입고 버티겠노라고

호언합니다. 이태준 선생의 일화입니다. 다른 것을 아끼면

글씨를 사느라 쓴 돈을 어떻게든 메울 수 있으리라
여겼겠지만 아뿔싸! 이가 아픕니다. 아내도 함께 말이죠.
결국 친구에게 손을 벌립니다. 돈은 언제나 예산에
상관없이 쓰일 일이 생기기 마련이죠. 아끼고 아껴 평소
본으로 삼고 싶었던 글씨 하나쯤 거실에 걸어 놓고 싶은
그 마음을 이해할 수 있습니다. 글씨를 가져오며 얼마나
기뻤을까요. 제 책상 옆에는 오래전『간송 전형필』의 저자
이충렬 선생이 선물로 건넨 작은 판화 한 점이 있습니다.
판화가 류연복 님의 작품인데 손세실리아 시인의 글이
새겨져 있습니다.

책방에서 일하고 따로 서재가 없는지라 가끔 좋아하는 글씨나 그림 하나쯤 벽에 걸어 두고 조용히 앉아 공책을 열어 베껴 쓰고 싶은 욕망을 실현할 길이 없군요. 어디에 있으나 '노출'되어 있으니 필사도 독서도 맥이 끊기기 십상입니다. 가끔 액자에 든 이 글을 필사하며 욕망을 다스립니다. 공간이 없다고 못하는 건 아니라고 자위하면서 말이죠. 요럴 땐 글씨가 삐뚤빼뚤합니다.

꾸준히 새로운 글씨 교본이 출간되고 또 팔리는 걸 보면 의외로 글씨 때문에 고민하는 사람이 많구나, 새삼 놀랍니다. 제 주변에도 시험 때문에 혹은 악필을 교정하기 위해 글씨 교본을 사서 연습하는 분들이 있습니다. 컴퓨터로 문자 대부분을 입력하는 시대지만 아름다운 글씨에 대한 욕구는 사라지지 않을 듯합니다. 소설가 박완서 선생도 자신의 글씨에 고민이 많았습니다. 등단하기 전 손으로 쓴 원고를 신문사나 잡지사로 보내며 불안했던 마음을 글로 옮긴 적이 있습니다. 글씨가 나빠 심사위원이 "몇 장 안 읽고 던져 버릴 것 같은" 불길한 마음에 사로잡혀 속을 태우기도 했죠.

심사위원이 누군지도 모르면서 몇 장 안 읽고 던져 버릴 것

같은 예감으로 속을 끓인 것은 내가 워낙 졸필이라는
자격지심 때문이었다. 글씨에서도 연령과 교양, 심성 등,
어느 정도 쓴 사람의 인품이 나타나게 마련인데 내 글씨는
우리 아이들까지도 엄마 글씨는 국교생 글씨라고
놀릴 정도로 초등학교 3학년 정도에서 멈춰 버린 것처럼
치졸하다. 그래도 또박또박 알아보기 쉽게는 썼는데
그 후 다작하는 작가가 되면서 망가지기 시작하더니
내가 쓴 글씨를 내가 못 알아볼 악필의 경지에 이르렀을 때
워드 프로세서가 등장해 나를 구제해 주었다.
　ー박완서, 『세상에 예쁜 것』에서

타고난 필재를 가진 분도 있고, 좀처럼 고칠 수 없는 악필인
분도 있죠. 사실 일상에서 글씨 그 자체를 누군가에게
보일 일은 거의 없습니다. 필사도 메모도 '충실한 기록'을 위한
도구일 뿐입니다. 캘리그래피나 서예는 또 다른 영역입니다.
아름다운 글씨를 가지지 않았더라도 끈기 있게 단정하게 쓰려
노력하는 것이 무엇보다 중요하다 봅니다. 단순히 점과 획,
글자 한 자에 연연할 필요는 없습니다. 글씨는 단지 필사의
일부일 뿐입니다.

한 폭의 글은, 획, 자, 행, 연 들이 대소, 강약, 태세太細, 지속遲速, 농담濃淡 등의 여러 가지 형태로 서로가 서로를 의지하고 양보하며 실수와 결함을 감싸 주며 간신히 이룩한 성취입니다. 그중 한 자, 한 획이라도 그 생김생김이 그렇지 않았더라면 와르르 얼개가 전부 무너질 뻔한, 심지어 낙관까지도 전체 속에 융화되어 균형에 한 몫 참여하고 있을 정도의, 그 피가 통할 듯 농밀한 '상호연계'와 '통일' 속에는 이윽고 묵과 여백, 흑과 백이 이루는 대립과 조화, 그 '대립과 조화' 그것의 통일이 창출해 내는 드높은 '질'質이 가능할 것입니다. 이에 비하여 규격화된 자, 자, 자의 단순한 양적 집합이 우리에게 주는 느낌은 줄 것도 받을 것도 없는 남남끼리의 그저 냉랭한 군서群棲일 뿐 거기 어디 악수하고 싶은 얼굴 하나 있겠습니까.

　　─신영복, 『감옥으로부터의 사색』에서

이 글은 신영복 선생이 선생 아버지께 보낸 편지 일부입니다. 책에는 '서도의 관계론'이라 제목이 붙어 있습니다. 필사와 서도는 다르겠지만 "실수와 결함을 감싸 주며 간신히 이룩한 성취"라는 문장에 주목합니다.

못난 글씨라도 그다음 글씨를 쓸 때 보완하고 또 전체를
제대로 쓰기 위해 노력하면 됩니다. 모든 글씨가 잘나면 무슨
재미겠습니까. 못난 것은 못난 대로, 잘난 것은 잘난 대로
한 줄, 한 단락 계속 쓰다 보면 어느 순간 무릎을 칠 때가
있겠죠. 필재란 동전의 양면 같은 것이어서 재주가 있으면
쉽게 해낼 수 있다고 믿어 그만큼 쉬이 그만두는 경우가
많습니다. 필재가 없어도 끈기 있는 편이 훨씬 낫다는 생각이
시간이 지날수록 두터워집니다. 내가 필사하는 문장이
"의지하고 양보하며 실수와 결함을 감싸 주며 간신히 이룩한
성취"임을 깨닫는 순간, 악필에 대한 고민보다 필사의
즐거움이 더 크게 다가오겠죠. 이 책의 첫머리에서도 인용한
신영복 선생의 글처럼, 아름다운 글씨가 아니라 '단련의 미'가
목표여야 합니다.

어쨌거나 꾸준히 끈기 있게 하는 일은 쉽지 않습니다. 필사뿐
아니겠지요. 어떤 일이든 꾸준함만 갖춘다면 경지에 이르는
일은 그리 어렵지 않을 겁니다. 끈기에 재능까지 갖춘다면
더할 나위 없겠죠. 하지만 그런 경우는 드뭅니다. 끈기를 얻기
위해선 무엇보다 '재미'를 찾는 게 중요합니다. 재미없는 일을
붙잡고 오래 유지하는 건 고문이나 마찬가지입니다. 필사의
재미를 느끼려면 먼저 책 읽는 재미를 알아야 합니다. '책 읽는

쾌락주의자'가 먼저 되어야 하죠. 에도 시대 중기의
유학자인 나카무라 란린은 이런 말을 남겼습니다.

인생의 즐거움에서 방문을 닫고 책을 읽는 것보다 좋은 것은
없다. 진귀한 책 한 권을 얻어 몰랐던 글자 하나를 알게
되고, 괴이한 일 하나를 만나고, 좋은 구절 하나를 보면
나도 모르게 기뻐서 뛰어오른다. 음악은 듣는 순간을
만족시키고 비단은 눈을 만족시킨다고 하지만 그 즐거움에는
비할 수 없다.

—쓰루가야 신이치, 『책을 읽고 양을 잃다』에서

책을 가까이하지 않는 필사란 의미가 없습니다. 독서에
재미를 붙이고 꾸준히 필사를 즐긴다면 언젠가는 글씨도
단정하게 형태를 갖춥니다. 습관이 될 때까진 시간과
마음을 내는 수밖에 없죠. 투자 없이 이익을 낼 수 있는
방법은 없습니다. 필사도 투자한 만큼 결과가 나온달까요.
아⋯⋯. 쉬운 일은 없습니다.

7 핥
─내 글씨는 왜 예쁘지 않을까

최흥효 _(세종 시대의 문신, 예서와 초서에 능하였음)는 온 나라에서
알아주는 명필이었다. 그가 과거를 보러 갔을 적 이야기다.
답안을 작성하던 중 마침 한 글자가 왕희지의 필체와
같게 되자 그는 하루 종일 그 글자를 들여다보고 앉았다가
차마 답안지를 바치지 못해 품에 품고 돌아왔다. 최흥효는
가히 이익과 손해 따위는 마음에 두지 않았다 할 만하다.

─박지원, 『연암집』에서

자신이 원하는 글씨를 얻자 답안지를 내지 못하고 과거
시험을 포기한 최흥효의 기행을 온전히 공감할 순 없지만
글씨에 대한 애착은 어느 정도 이해할 수 있습니다.
필사를 하다 보면 끊임없이 부족한 글씨에 대해 자책하게
마련이니까요. '왜 나는 악필인가' 심각하게 고민한 적이
있습니다. 아무리 써도 나아지지 않는 글씨에 낙담하는 일은
누구나 겪는 일입니다. 온 세상이 알아주는 명필이라도
자신의 글씨에 만족하는 사람이 있을까요.
필사하며 글씨에 대한 고민은 끝이 없겠지만 글씨가 먼저가
아니라 필사 자체가 목적이어야 합니다. 글씨를 잘 쓰기 위한
노력은 끊임없이 할 일이지, 글씨가 나빠서 필사를 못한다고
하면 주객이 바뀐 것이지요. 무엇보다 글씨는 '단정'이
기본입니다. 화려하고 세련되고 예쁜 글씨보다 또박또박
바르게 쓴 글씨가 훨씬 깊이 있습니다.
'홅'을 한번 종이에 써 보세요. 글씨의 모자란 점이 확연히
보이지 않나요. 저 같은 경우엔 'ㅎ'과 'ㄴ', 'ㄹ'을 쓸 때마다
아쉬움을 느낍니다. 그렇게 많이 썼는데도 잠시 마음이
풀어지면 균형이 흐트러지는 것이 나아질 기미가 전혀
없어 안타깝습니다. 집중해서 써야만 그나마 나은데 긴

문장을 필사하며 매번 그럴 수는 없으니까요. '핥'은 뜻이
있는 글자가 아닙니다. 필사할 때 어려워하는 자소를
모은 것뿐입니다. 가끔 공책에 '핥'을 여러 번 반복해
쓰기도 합니다. 여러분도 나름대로 쓰기 어려운 글자가
있겠지요.

글씨를 쓸 때는 '조화, 균형, 변화' 이 세 가지를 염두에
두어야 합니다. 글자는 음과 뜻을 전달하는 도구이기도
하지만 그림과 같아 그 자체로 아름다움을 가질 수
있습니다. 서예를 배우면 결구結構라는 말을 자주 듣습니다.
결구는 글자에 아름다움을 불어넣기 위해 글꼴을 정돈하는
걸 말합니다. 결구를 위해선 조화, 균형, 변화를 고려해야
합니다. 점과 획을 반듯하게 긋고 자음과 모음 사이의
간격을 적당하게 조절하고 전체 글꼴의 변화를 읽어야
합니다. 말은 거창하게 했지만 또박또박 정성들이는 방법
외에 뾰족한 수는 없습니다. 쓰면서 교정하는 수밖에요.
요즘 캘리그래피를 배우는 분들이 많은데 캘리그래피나
서예나 필사나 결국 같은 방향입니다. 캘리그래피와 서예가
글씨에 방점을 찍는다면, 필사는 글씨보다 문장에 무게를
둔달까요. 두 가지 모두 아우를 수 있다면 더욱 좋겠죠.
훌륭한 문장을 아름다운 글씨로 옮겨 쓸 수만 있다면

'완벽한 필사'입니다. 하지만 글씨를 꾸미는 데 에너지를 쏟는 것은 금물입니다. 추사 김정희는 『완당전집』에 이런 글을 남겼습니다.

서법은 사람마다 전수받을 수 있지만, 정신과 흥취는 사람마다 자신이 스스로 이룩하는 것이다. 정신이 없는 글은 그 서법이 아무리 볼 만해도 오래 두고 감상하지 못하며, 흥취가 없는 글은 그 글자체가 아무리 아름다워도 고작 글씨 잘 쓰는 기술자라는 말밖에 듣지 못한다. 흉중의 기세가 글자 속과 행간에 흘러나와 혹은 웅장하고 혹은 넉넉하여 막으려야 막을 수가 없어야 하는데, 만일 겨우 점과 획에서만 글씨의 기세를 논한다면 아직 한 단계 멀었다 할 것이다.

글씨 쓰는 법은 전체를 보아야지 단순히 점과 획을 어떻게 그었냐를 놓고 이야기할 수 없습니다. 마음을 가다듬고 단정하게 문장을 옮겨 쓰면 그것으로 충분합니다. 누군가에게 뽐내기 위한 목적으로 필사를 하는 것은 아니니까요. 글씨 잘 쓰는 기술자가 되기보다 필사를 즐기며 문장을 이해하고 가슴에 담는 것이 더 중요합니다. 글씨를 잘 쓰기 위한 노력을 게을리해선 안 되겠지만 꾸준히 즐거이 하다 보면

시나브로 글씨가 바르게 자리 잡습니다. 제가 오랫동안
가지고 있던 1978년판『펜글씨 기법』에는 펜글씨 기초를
배우기 전에 "끊임없는 연습, 즐기면서 학습, 달필가가 될
수 있다는 확신, 판에 박은 듯한 형의 글씨가 아닌 독창적인
개성미가 중요하다"고 했습니다. 기초 연습을 철저히 하면
응용이 가능하다는 것은 글씨 쓰기에도 그대로 적용할 수
있습니다.

> 좋은 글씨를 쓸 수 있느냐, 어떠냐의 근본은 무엇보다도
> 기초 연습이 첫째이다. 한자나 한글이나 먼저 해서(정자)에서
> 시작하여 바른 선(기본이 되면 점과 획)을 충실히 배우고
> 글자의 바른 짜임새結構를 파악해야 하며, 다음에는
> 행서(반흘림), 초서(흘림)를 배우는 것이 바른 순서이다.
> 특히 한글은 한자와 잘 비교해 가며 획 쓰기와 글자 꾸밈을
> 충분히 배워야 한다. 한자 속에 기울이는 글자의 모양,
> 리듬, 필순 등의 기본을 확고히 파악해 주어야 한다.
> 이 기본 요소의 호흡을 완전히 이해하게 되면, 결코 어려울 것
> 없이 뻗어 나갈 수 있는 것이다.
> ㅡ조양제 · 김시현,『펜글씨 기법』에서

한자(해서)를 익힐 때는 '영자팔법'永字八法을 서법書法의
기본으로 삼습니다. 길 영永 자에는 여덟 가지 쓰기 기법이
모두 들어 있습니다.

① 측側 : 점. 왼쪽에서 오른쪽 아래로 비스듬히 내려가
   좌로 삐칩니다.

② 늑勒 : 가로로 긋는 획입니다. 구부리는 듯 가볍게
   긋습니다.

③ 노努 : 세로로 긋는 획입니다. 바르게 내려 긋습니다.

④ 적趯 : 갈고리처럼 치켜 올립니다. 펜을 누르면서
   올려 뗍니다.

⑤ 책策 : 왼쪽으로 비스듬한 삐침입니다. 부드럽게
   낚아 올리듯 삐칩니다.

⑥ 약掠 : 길게 뻗치는 획입니다. 힘을 빼면서 구부리듯
    삐칩니다.

⑦ 탁啄 : 짧게 뻗치는 획입니다. 시작에서 왼편 비스듬히
    아래로 빠르게 삐칩니다.

⑧ 책磔 : 파임입니다. 오른편 아래로 비스듬하게 내리며
    오른쪽 아래로 끌어당깁니다.

영자팔법은 한글에도 그대로 적용할 수 있습니다. 어떤
문자든 기본 원리는 같다고 생각합니다. 한자에 비해
한글은 모나지 않고 부드럽게 써야 합니다. 특히 모음의
세로획은 한글 글씨에서 가장 중요하지요. 자연스럽고 곧게
그어야 합니다. 점과 획과 삐침과 꺾임을 자유롭게 할 수
있다면 어떤 글이든 달필로 써 내릴 수 있겠죠.
예쁜 글씨를 쓰기 위한 방법은 여러 가지가 있습니다.
처음엔 시중에 나와 있는 글씨 교본을 구입해 연습하는
것이 일반적입니다. 처음부터 끝까지 쓰기가 힘들지만
딱 한 권만 집중해서 끝내면 훨씬 나아질 수 있습니다.
세심하게 관찰해서 어디서 점을 찍고 어디서 꺾는지,
위에서 아래로, 왼쪽에서 오른쪽으로 필순을 거스르지
않고 머릿속으로 생각하며 손에 익히는 것이 중요합니다.

그냥 따라서 쓰는 것은 도움이 되질 않습니다. 세심하게
관찰하지 않으면 안목을 키울 수 없고 좀처럼 실력이 늘지
않습니다. 글씨본에 얇은 종이를 놓고 모서模書하는 것도
한 방법입니다. 모서를 하면 글씨의 모양을 쉽게 바로잡을
수 있는 장점이 있습니다. 교본과 모서로 어느 정도 자신이
붙으면 교본 없이 원하는 문장을 씁니다. 자신의 단점이
어디에 있는지 깨닫는 게 중요합니다. 아무래도 마음에
들지 않는 글씨가 있기 마련인데 이때 다시 교본의 글씨를
확인하며 연습해야 합니다. 그런 단계를 거치면 자연스레
자신만의 매력 있는 글씨가 완성되겠죠.

가지런한 크기와 반듯한 오와 열
—10칸 공책으로 시작하기

예전 광화문 근처에서 직장 생활할 적에 자주 경복궁
고궁박물관에 놀러 가곤 했습니다. 무료인 데다 직장과
아주 가까워 점심 먹고 산책 삼아 다녀오기 좋았습니다.
고궁박물관의 소장품 중엔 조선 시대 왕실과 국가의
주요 행사를 정리하고 기록한 의궤가 많았는데 거기에
나오는 반듯한 글씨에 자주 감탄했습니다. 활자를 만들어

인쇄했겠지만 그 전에 본이 되는 글씨를 쓴 이가 있었겠지요.
또 한 가지 기억에 남는 것은 오래전 예술의 전당에서 보았던
「세한도」였습니다. 「세한도」에는 긴 배관기拜觀記(글이나 그림을
보고 감상을 적은 글)가 붙어 있는데 인쇄한 듯 반듯하고 오와 열이
가지런해 어떤 마음가짐으로 그 글을 썼을까 놀랐던 적이
있습니다.

용모와 말씨와 글씨와 판단력을 가리키는 '신언서판'身言書判은
중국 당나라 시대에 관리를 뽑는 기준이었습니다. 이 기준은
오랜 세월 변치 않았고 조선 시대에도 관직에 나아가거나
학문을 익히는 이라면 당연히 글씨와 문장을 다듬는 데 많은
노력을 기울였습니다. 어쩌면 배관기를 쓰는 일은 단순히
작품에 대한 감상을 남기는 일일 뿐 아니라 자신의 글씨와
문장을 뽐내는 기회이기도 하지 않았을까 짐작합니다.
「세한도」와 다른 선비들이 앞서 남긴 배관기를 보고 글을
쓸 때 얼마나 공을 들였을까요. 자신의 격을 드러내는 자리라
생각했을지 모릅니다.

하지만 오늘날엔 글씨로 사람됨을 판단하지 않죠. 글을
쓰는 일은 펜을 들어서 하는 것이 아니라 컴퓨터 앞에 앉아
키보드를 '두드리는' 것으로 바뀌었습니다. 고등학교만
졸업해도 공책에 무언가 적는 일이 확연히 줄어듭니다. 요즘

대학에선 노트북으로 바로 수업 내용을 받아 적는 경우가 많다더군요. 평소 필기구 사용하기를 즐기거나, 서예 혹은 캘리그래피를 배우는 것이 아니라면 간단한 메모 정도나 할까요. 타고난 필재를 가지지 않았다면 반듯한 글씨를 쓰기가 더욱 힘들어졌습니다. 시대가 바뀌고 인간의 필기 능력은 점점 퇴화하는 듯합니다. 안타깝지만 현실을 부정할 수는 없군요.

본받고 싶은 글씨는 많지만 굳이 예를 든다면 다섯 남매를 키우며 육아 일기를 썼던 박정희 할머니, 아들에게 필사한 사진 교본을 남긴 사진가 김기찬 선생의 부친, 옥중 편지를 주고받았던 김대중 전 대통령과 이희호 여사, 신영복 선생의 글씨가 있습니다. 필사본 그대로 옮긴 책이 나와 있으니 두고두고 참고할 만합니다. 예전에 출판사에서 일할 때 지금은 작고하신 박정희 할머니를 뵙고 육아 일기를 본 적이 있습니다. 직접 칸을 지르고 아이에게 한글과 수를 가르친 일기를 펼치는 순간 얼마나 가슴이 뭉클하던지요. 거기에 할머니의 큰딸(유명애)이 칸칸에 또박또박 동요 「개나리」를 옮겨 쓴 글씨가 있고, 그 밑에 어머니의 일기가 단정하게 세로쓰기되어 있었습니다.

일곱 살 되던 해 봄부터 나는 수(數)도 일러 주고 한글도 가르쳐 주었다. 수는 성냥, 손가락으로 배우고 한글은 내가 그려 준 그림책으로 배웠다. 그림 수공은 집에서 나와 함께 그렸다. 박은영 씨네 아가들 수자, 수희, 희문이도 와서 같이 그렸다. 노래는 '음치'라는 삼촌들의 별명을 들을 지경이었으니 박은영 씨 부인의 지도와 사촌들의 영향으로 그닥 서투르지만 노래를 불렀다. 바날(바늘) 장난은 꽤 잘하는 편으로 주머니도 달아 입고 벗은 양말도 징그고 보(褓, 보자기)도 모고(만들고) 빨래도 뜨고 하였다. 무슨 동작이나 재고 가벼운 편이 못 되고 더디고 정성스러웠다.

—박정희, 『박정희 할머니의 행복한 육아일기』에서

반듯한 글씨를 쓰기 위해선 적당한 도구가 필요합니다. 초등학교에 입학하고 글을 배울 때를 떠올려 보십시오. 선생님이 칠판에 쓰면 10칸 공책에 또박또박 옮겨 쓰던 시절을요. 문방구에 가면 요즘도 10칸 공책을 팝니다. 한 칸에 점선으로 열십자가 그어져 균형에 맞춰 글씨 연습을 할 수 있는 공책도 있습니다. 저는 이 공책으로 천자문 필사를 주로 했었습니다. 글씨를 교정하는 데도 이 공책이 많은 도움이

됩니다. 초등학생 자녀가 있다면 쓰다만, 혹은 아예 새
공책이 집안 어딘가에 있을 가능성이 큽니다. 공책을 펼쳐
놓고 짧은 시를 필사하면 좋습니다. 글씨 교정에 관한 책
대부분이 10칸 공책처럼 칸을 지른 형식인 데는 이유가
있습니다. 책을 사서 연습하는 것도 좋지만 10칸 공책을
활용하는 편이 부담이 적습니다. 10칸 공책을 쓰다 보면
어느 순간 크기와 오와 열에 대해 감이 옵니다. 단 그냥
베껴 쓰기를 하면 감 잡는 데 시간이 오래 걸리니 한 글자를
쓰더라도 자음과 모음의 크기, 획과 획의 간격과 길이, 전체
균형을 살펴야 합니다. 분명 많이 옮겨 썼는데도 나아지지
않는 부분이 있을 겁니다. 저는 받침으로 쓰는 'ㄴ'이 항상
삐뚤삐뚤합니다. 쉽게 고쳐지지 않더군요.

처음부터 무선 공책에 반듯한 글씨를 쓸 수는 없습니다.
10칸 공책으로 어느 정도 글씨 교정이 되었다 싶으면
다음에는 모눈 공책을 구입하세요. 유선 공책보다 글씨를
더 자유롭게 쓸 수 있고, 활용도도 높습니다. 충분히 10칸
공책에 필사하는 것처럼 가지런하게 쓸 수 있습니다. 10칸
공책을 쓰기가 부끄럽다면 바로 방안 공책으로 필사를
시작하고 그다음에 유선 공책으로 넘어가면 됩니다. 유선
공책이라 해도 처음에는 간격이 넓은 것을 고르는 편이

현명합니다. 선 간격이 너무 촘촘하면 작은 글씨를 쓰게 되고, 쉽게 지치고 피곤해집니다. 처음 필사할 때는 평소 글씨보다 크게, 또박또박 쓰길 권합니다. 굉장히 복잡한 듯하지만 10칸 공책 – 방안 공책 – 유선 공책 – 무선 공책 순으로 넘어가며 글씨를 교정하면 많은 도움이 되리라 생각합니다. 10칸 공책을 사용하고 난 다음부턴 크기가 작은 노트를 구하세요. 원래 편하게 사용하던 노트가 있다면 그것을 그대로 쓰면 됩니다만, 새로운 노트를 구입해야 한다면 책 속에 끼워 다닐 수 있는 얇고 작은 노트가 좋습니다. 언제 어디서든 펼쳐 필사할 수 있게요.

너무 욕심내진 마십시오. 급할 건 없으니까요. 하루에 시 한 편만 옮겨도 금방 시간이 갈 겁니다. 지치지 않고 조금씩 꾸준히 하는 것이 중요하지 욕심내 많이 쓰는 것은 그리 좋지도 중요하지도 않습니다. 꾸준히 하다 보면 자신만의 글씨가 만들어집니다. 다른 사람의 글씨를 꼭 따라 쓸 필요는 없습니다. 처음에는 본으로 삼을 글씨를 선택해야 하지만 나중에는 나의 손에 익은 나만의 단정한 글씨로 자연스럽게 필사를 할 수 있을 겁니다. 장담합니다.

메모도 필사하듯
9
ㅡ필사력을 키우는 방법

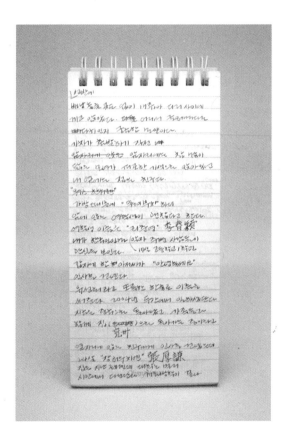

만약 천국이 있다면 나는 끝없이 쓸 수 있는 노트를
가지고 갈 것이다.

— 에드워드 O. 윌슨, 『과학자의 관찰 노트』에서

천국이 있는데 딱 한 가지 물건만 가지고 갈 수 있다면,
저도 펜이 있다는 가정하에 노트를 가지고 가고 싶습니다.
필사력을 키우고 싶은데 방법을 모르겠다고 한다면 자신의
수첩이나 메모를 먼저 살펴보세요. 어떤가요. 자신도
알아보지 못하게 휘갈긴 글씨인가요. 순서에 상관없이
뒤죽박죽인가요. 오와 열은 맞나요. 무슨 메모하는데도
형식을 갖춰야 하나 생각할 수 있겠지만 메모도 필사하듯
하면 필사하는 능력도 자연스레 갑절로 늘어납니다.
『과학자의 관찰 노트』는 필사의 가장 높은 단계를 보여 주는
책입니다. 관찰 노트(원서에서는 '필드 노트'field note라고 되어
있습니다) 쓰는 일도 사실 필사와 같은 종류의 행위입니다.
대상이 자연이냐 책이냐 다를 뿐이죠. 과학자의 관찰 노트는
자연에서 관찰한 내용을 알기 쉬운 글과 그림을 담고
있습니다. 숫자를 매기고 모양새를 스케치하고 또 자세하게
각주를 붙입니다. 처음에는 단순히 필사하는 습관을 붙이는

것만으로도 힘들다고 느낄지 모르겠습니다.

하지만 어느 정도 궤도에 오르면 노트를 놓고 다양한 시도를 하게 됩니다. 필사를 하면서도 그림을 그리거나 나만의 생각을 덧붙이면 좋겠다고 바라죠. 이 책의 프롤로그를 쓴 마이클 R. 캔필드는 "종이와 연필과 같은 필기도구는 아마도 현장에서 발견한 과학적 사실에 대한 설명을 노트와 일지에 기록하는 전통을 잇는 데 필요한 가장 중요한 도구"라고 말합니다. 카메라, 스마트폰, 노트북 등 다양한 도구가 발달해도 종이와 연필을 바로 뛰어넘을 수는 없을 겁니다. 외부 동력(전기)이 필요 없는 순수한 기록 도구인 종이와 연필이야말로 가장 믿을 만합니다. 당장 쓸 것이 있는데도 건전지가 없어 손을 놓고 있던 난감한 경험은 누구나 한두 번 정도 있을 겁니다. 저는 책에 밑줄을 긋거나 접거나 메모하는 것을 극히 꺼려서 필사를 독서의 도구로 삼았습니다. 만약 책에 메모하는 것에 대해 너그러웠다면 필사를 아예 시작하지 않았을 수도 있겠습니다. 가능하면 깨끗한 상태로 책을 읽고 보관하는 강박이 있어 마음에 드는 문장이 나왔을 때나 꼭 기억하고 넘어가야 할 내용이 나오면 필사하는 버릇이 오래전부터 있었고 그 버릇이 자연스럽게

습疊이 되었습니다. 필요한 책이 있으면 빌리는 것조차
싫어했습니다. 어떻게든 구해야만 직성이 풀렸죠. 그래서
지금 책방지기로 일하는 것일 수도 있겠군요. 책을 깨끗하게
다루는 것은 좋으나 읽기도 전에 아낄 필요는 없겠지요.
열심히 읽어 책이 낡고 상처가 나는 것은 좋은 일입니다.
책을 읽을 때도 보통 공책이나 수첩을 옆에 함께 펼쳐
둡니다. 쪽수를 적고 내용을 옮깁니다. 가능하면 문장 전체를
정확하게 필사합니다. 나중에 서평이나 책방일지를 쓸 때
인용할 것도 염두에 둡니다. 당장 필사하지 못한다 하더라도
간략하게 메모합니다. 가끔 수첩을 펼쳐 놓지 못할 때는
메모지를 책갈피처럼 끼우는 식으로 메모하는 경우도
있습니다. 특히 등장인물이 많이 나오는 소설을 읽을 때
편리합니다. 이 사람이 누구였나 다시 앞으로 가서 읽는
수고를 덜어 줍니다. 『태백산맥』, 『토지』, 『안나 카레니나』,
『카라마조프가의 형제들』 같은 소설을 떠올려 보세요. 처음
읽을 동안에는 등장인물 때문에 곤혹스러울 때가 있죠.
나중에는 자연스레 머릿속에 그려집니다만 이야기의 얼개를
파악하기 전까진 메모지가 많은 도움이 됩니다.
필사력을 키우려면 펜과 노트를 자주 펼쳐야 합니다. 조그만
아이디어가 떠올라도 머릿속으로 한번 정제해서 작가가 쓰는

것처럼 정서하세요. 처음에는 어렵겠지만 하다 보면 요령이
생깁니다. 별것 아니더라도 '갖춘 문장'을 만드는 연습도
필요합니다. 예를 들면 이런 겁니다.

4월 1일 오후 1시 독서 모임, 소소책방, 『과학자의
관찰 노트』, 회비 5천 원.

독서 모임이 4월 1일 오후 1시 소소책방에서 열린다.
이번에 읽고 갈 책은 『과학자의 관찰 노트』다. 회비는 5천 원.

두 문장 중 위의 문장처럼 간단하게 메모해도 충분히
정보를 전달하거나 기억할 수 있습니다. 아래의 문장으로
쓰려면 불편할 수도 있죠. 메모에 관한 자기 계발서는
대부분 최대한 간단하고 효율적인 메모를 하라고 권합니다.
아예 단어나 문장 자체를 기호로 바꿔 효율을 높이라고도
합니다. 약속이 많거나 메모하는 시간조차 아깝다면
간단한 게 좋습니다. 하지만 그렇게 바쁘다면 필사할
시간조차 내기 힘들겠죠. 이왕 필사하기로 마음먹었다면
메모도 문법에 맞는 '갖춘 문장'으로 정서正書하는 편이
낫습니다. 앞머리의 사진은 중국을 여행하는 동안 사용했던

수첩입니다. 계속 메모를 했지만 어떻게든 문장을 써 보려고
애썼습니다.

> 메모는 어떤 형태로든 남겨 두면 훗날 효력을 발휘한다.
> 단순히 일정과 약속을 기록하고 점검하기 위한 메모도
> 중요하지만, 이런 종류의 메모는 역할이 끝나면 폐기해도 좋다.
> 그러나 회의 내용이나 기획 아이디어를 기록한 메모는
> 주제별로 정리하여 남겨 두면 나중에 분명 활용 가능하다.
> ─사카토 켄지, 『메모의 기술』에서

가능하면 주제별로 분류해야 유용합니다. 처음부터 욕심내어
노트나 수첩을 여러 권 가지고 다닐 필요는 없습니다. 한 권의
노트를 사용하되 포스트잇으로 표시를 남겨 분류할 수도
있고 분량을 나눠 각각 주제에 맞게 필사할 수도 있습니다.
정약전은 흑산도로 귀양 가 있는 6년 동안 『자산어보』를
집필합니다. 흑산도 근해에서 잡히는 수산 생물을 채집해
155종의 명칭과 분포, 형태, 습성, 이용 방법에 대해 세밀하게
분류하고 기록했습니다. 중국 문헌을 참고하고 주민들에게
들은 내용을 종합해 누구도 거들떠보지 않는 주제로 책을
엮어 냈습니다. 보고 듣고 읽은 것에 대한 필사와 분류, 정리가

없었다면『자산어보』를 쓸 수 없었겠죠.『자산어보』를 쓸
때 정약용은 형님에게 그림보다 글로 쓰는 게 좋겠다고
조언했는데 만약 상세한 그림까지 실렸다면 어땠을까요.

> 이 책은 치병治病, 이용利用, 이치理致를 따지는 집안에
> 있어서는 말할 나위 없이 물음에 답하는 자료가 되리라.
> 그리고 시인들도 이들에 의해서 이제까지 미치지 못한 점을
> 알고 부르게 되는 등 널리 활용되길 바랄 뿐이다.
> ―정약전,『자산어보』에서

정약전은『자산어보』서문에 자신의 연구에 도움을
주었던 사람의 이름을 남깁니다. 장덕순이라는 소년은
청어의 척추 마디 수를 세어 영남산 청어와 호남산 청어가
다르다는 것을 알아냅니다. 그는『자산어보』곳곳에
등장합니다. 그의 이름을 서문에까지 밝히면서 공을 나누는
정약전의 학자로서의 면모가 존경스럽습니다. 장덕순은
처음에는 두문불출, 정약전의 부탁을 거절했지만 나중에는
공동 연구자로 활약합니다.
『자산어보』가 지금껏 사라지지 않고 존재할 수 있도록
큰 공을 세운 또 한 사람이 있습니다. 정약용의 제자인

이청은 섶집 벽지가 될 뻔한『자산어보』를 스승에게 받아
필사하고『본초강목』같은 중국 문헌들을 참고해 각 항목마다
주석을 달았습니다.『자산어보』가 처음보다 더 훌륭한
저작이 될 수 있었던 이유는 책을 꼼꼼하게 필사하고 또
다른 책을 공부하여 그 내용을 정리해 덧붙인 이청이 있었기
때문입니다. 그의 작업은 아마 여러 갈래 찢긴『자산어보』를
받아 바르게 필사하는 일이었을 겁니다. 독서하고 필사할 때
이청과 같은 자세와 마음으로 한다면 단순한 '베껴 쓰기'가
아닌 그 이상의 작업도 가능하리라 믿습니다.

10 베껴 쓰기를 넘어
—필사는 자기 글을 쓰기 위한 디딤돌

필사를 단순히 '베껴 쓰기'라고 생각한다면
고정관념입니다. 필사는 결국 자기 글을 쓰기 위한
디딤돌입니다. 좋은 글을 베껴 쓰다 보면 나중엔 '나의
글'을 쓰고 싶은 생각이 자연스레 듭니다. 필사筆寫가
아니라 자신의 생각을 쓰는 필사筆思로 조금씩 나아갑니다.
사진에 있는 노트는 '사진 노트'입니다. 지인이 손수

만든 작은 가죽 장정 노트를 저렴하게 구입하곤 무엇을
채워 넣을까 짧게 고민했습니다. 평소 하던 대로 수첩으로
쓸까 하다 한 가지 주제에 집중해서 써 보자고 정했습니다.
사진에 대한 저의 생각을 따로 모아 쓰고 있습니다. 책에서
읽은 좋은 글뿐 아니라 평소 가지고 있던 생각을 하나의
노트에 모으는 일은 더디고 쉽지 않지만 재미있습니다.
파편처럼 흩어진 생각들을 머릿속에 떠오를 때마다 노트에
옮깁니다. 다른 이의 생각이나 글은 최소화하고 저의 생각과
글을 머릿속에서 최대한 다듬어 봅니다. 여러 권의 노트를
가지고 다닐 수는 없으니 집 책상 위에 두고 주로 밤늦게
이 노트를 펼칠 때가 많습니다. 노트를 펼칠 때마다 제가
사진에 대해 어떤 생각을 하고 있었나 자연스럽게 기억을
되살리고 또 그 생각에 살을 붙여 쓰게 됩니다. 노트에 쓴
글을 읽으면 사진에 대한 오만 가지 사고가 가지를 뻗습니다.
지루해질 때도 있습니다. 필사는 나중에 '베껴 쓴다'는 생각을
버리는 편이 낫다고 봅니다. 단어와 단어 사이, 행과 행
사이, 문단과 문단 사이 자신의 생각을 조금씩 남기는 일이
나쁘지는 않습니다. 언젠가는 필사筆寫를 버리고 필사筆思해야
할 때가 옵니다. 필사의 마지막 목적은 남의 글을 그대로
옮기는 것이 아니라 나의 글을 쓰기 위한 훈련입니다. 당장

한 줄의 글도 쓰지 못한다고 해도 책상 앞에 앉아 있는 그 즐거움을 누릴 준비가 되었다면 그걸로 충분합니다.

마지막으로 글을 쓴 지 몇 달이 지났다. 나의 지성은 잠을 자고 있었고, 그 덕에 나는 마치 타인처럼 살았다. 나는 종종 남의 행복을 대신 누리고 있는 것 같았다. 나는 존재하지 않았고, 나는 타인이었으며, 나는 생각 없이 살았다. 오늘 갑자기 나는 나로, 내가 꿈꾸는 나로 돌아왔다. 특별히 중요할 것도 없는 일을 끝내고 나니 나는 무척 피곤했다. 나는 경사진 높은 책상에 팔꿈치를 대고 양손으로 턱을 괴고 있었다. 그리고 눈을 감으니 마음이 편했다. (중략)
경사진 책상에 양손을 다시 올리고 죽은 세상으로 가득한 피곤한 눈으로 주위를 둘러보았을 때, 내 눈이 처음 본 것은 잉크병 위에 앉은 커다란 금파리였다(작게 윙윙거리는 소리는 사무실에서 나는 소리가 아니었던 것이다). 나는 맥없이 깨어나 심연의 밑바닥에서 그것을 응시했다. 짙은 남빛이 도는 푸른 색조가 역겹기는 하지만 추하지 않은 빛을 내고 있었다. 그것은 생명이었다!

페르난두 페소아의 『불안의 책』에 나오는 문장입니다.

'20세기 가장 아름다운 일기'로 평가받는 『불안의 책』에는 책상 앞에 앉은 작가의 모습을 상상할 수 있는 장면이 많이 나옵니다. 그는 이 문장에서 글을 쓰지 않았을 때 "나는 존재하지 않았고, 나는 타인이었으며, 나는 생각 없이 살았다"라고 고백합니다. 필사는 잠자고 있는 지성을 깨우지만 나 자신에 대한 각성을 위해선 '나의 글'을 써야 합니다. 가장 좋은 방법은 페르난두 페소아처럼 일기를 쓰는 것이겠지요. 단 한 문장이더라도 하루를 정리하는 일기를 꾸준히 쓸 수만 있다면 그것 자체가 필사를 넘어서는 일일 겁니다. 사실 '갖춘 문장으로 꾸준히' 일기를 쓰는 일은 어렵습니다. 막상 일기를 쓰려면 오늘 일어났던 수많은 일도 블랙홀로 빨려 들어가 버린 듯 생각나지 않을 때가 많습니다. 가장 기억에 남는 일 하나만 짧은 한 단락의 글로 옮깁니다. 예를 들면 이런 것이죠.

무엇인가 정리할 때가 되면 그동안의 잘잘못을 돌이켜 보게 된다. 내가 왜 그랬을까 자책하기도 하고, 어쩔 수 없는 상황이었다고 자위하기도 한다. 하지만 마음 한구석이 아릿한 것은 어쩔 수 없나 보다. 사람은 누구나 실수를 하는 법인데, 내 의지와는 다르게 잘못을 저지르게 될 땐

한없이 마음이 쪼그라든다. 실수나 잘못은 그 자리에서
인정하고 털어야 한다. 물 흐르듯 산다는 게 참 힘들다.
철들고 있다는 증거인가.

2010년 5월 27일에 쓴 일기입니다. 다니던 회사를
그만둘 때 썼던 일기입니다. 그때의 심경이 그대로 들어가
있습니다. 오랜 시간 가족과 떨어져 보냈던 직장 생활을
벗어나 다시 고향으로 돌아가며 느꼈던 가장 진한 감정은
'반성'이었던 듯합니다. 이 글이 아니라면 그때의 감정을
되살리기 힘들겠죠. 단순히 몇 시에 누구를 만났고, 어떤
일을 했는지에 대한 짧은 메모였다면, 혹은 단순히 필사만
했더라면 과거를 복기하긴 힘들 겁니다. 필사를 해 볼
마음이 있는 분이라면 일기 쓰기를 함께 시작해 보는 것도
좋지 않을까 합니다. 아니면 필사를 한 다음 그 문장에
대한 짧은 평을 남기는 것도 좋은 방법입니다. 무조건,
한 줄이라도 '갖춘 문장'이어야 합니다. 좋은 문장을
필사하려는 것처럼, 나의 글도 좋은 문장으로 쓰기 위해
노력해야 합니다. 시작은 어렵겠지만 필사를 계속하면 좋은
문장에 대한 감이 잡힐 때가 분명 옵니다.
나중에는 자신이 공부하고 싶은 분야나, 꾸준히

기록하고픈 일도 생기겠지요. 필사나 일기, 메모를 남기며
조금씩 분류를 하는 것도 방법입니다. 예를 들면 저처럼
아예 따로 노트를 마련해 놓고 사진에 대한 글과 생각을
남길 수도 있을 테고, 한 권의 노트로 모든 것을 해결하고
포스트잇이나 형광펜 등으로 나중에 따로 정리할 것들을
분류하는 방법도 있습니다. 애초부터 굳이 노트를 나눠 쓸
필요는 없습니다. 노트 욕심이 늘어날수록 마무리하는 것도
힘들어지니까요. 첫 쪽부터 마지막 쪽까지 채우는 습관이
무엇보다 중요합니다. 필사를 하는 이유도 결국 한 권의
책을 묶기 위한 것입니다. 처음 필사를 시작할 때 저는 주로
이면지에 썼습니다. A4 이면지를 반으로 접어 필사하곤 미련
없이 휴지통에 버렸죠. 지금 생각하면 아깝기도 합니다.
경험으로 볼 때 이것저것 노트를 구입하다 보면 '미완의 책'만
늘게 되고 나중에는 필사에 대한 흥미마저 잃게 됩니다. 아마
필사에 관심이 있는 분이라면 쓰다 만 노트나 다이어리가
분명 주변에 여러 권 있으리라 생각합니다. 습관이 몸에
붙을 때까진 딱 하나의 노트를 사용하는 편이 좋습니다. 평소
사용하는 다이어리나 노트가 있다면 우선 마지막 장까지
채우길. 그런 뒤 새로 구입하실 때는 가지고 다니기 편하고,
장수가 많지 않은 노트를 권합니다. 괜히 비싸고 두꺼운

노트를 사면 싫증 날 가능성이 큽니다. 필사를 위한 노트는 얇고 가볍고 크기가 작을수록 좋습니다.

마지막으로 이태준의 『무서록』에 나오는 '문장'을 옮기며 글을 맺고자 합니다. 필사를 하는 이유가 '내 문장'을 쓰기 위한 디딤돌을 놓는 것이라면 '내 문장'은 또 '그 작품의 문장'의 주춧돌이 될 수 있겠죠. '그 장면의 문장'을 필사하면서 '내 문장'을 쓰는 데 익숙해지면 다음 단계로 나아갈 수 있으리라 믿습니다. 부디 필사의 재미를 잃지 마시길 바랍니다.

> '내 문장'을 쓰기보다는 될 수만 있으면 '그 작품의 문장'을 써 보고 싶다. 우선은 '그 장면의 문장'부터 써 보려 한다.

11 그는 쓰고 있었다
—작품 속, 역사 속 필사 이야기

먼지 풀풀 나는 헌책방을 지키는 책방지기라 이런저런
책을 들출 일이 많고, 필사를 좋아하니 그에 관한
내용이 나오면 따로 기록해 두거나 갈피를 끼워 둡니다.
작가들의 작품이 그냥 하늘에서 떨어질 리 없죠. 그들은
끊임없이 책을 읽고 자신이 필요한 문장을 옮기는 작업을
반복합니다. 글로 쓰인 모든 작품은 어쩌면 지루한 독서와
필사의 밤이 지나고 동틀 무렵에야 맺힌 이슬일지도
모르겠군요. 한 편의 소설 혹은 한 권의 책을 만들기
위해 얼마나 많은 노력이 필요할지요. 다음의 인물들은
그 증거입니다. 필사, 해 볼 만하지 않나요.

1. 오에 겐자부로

오에 겐자부로가 노벨문학상을 받은 때를 분명하게
기억하는 건 1994년 그해에 제가 입대했기 때문입니다.
그 이후 그의 작품에 관심을 갖기 시작했습니다. 노벨상 수상
이후 고려원에서 '오에 겐자부로 소설문학전집'을 펴냈는데
24권으로 예정된 전집을 마무리 짓지 못하고 회사가 문을
닫았죠. 『죽은 자의 사치』부터 『오에 겐자부로론』까지 24권
중 15권만 나온 것으로 알고 있습니다. 한때 이 '오에 겐자부로
전집'을 모으기 위해 헌책방을 뒤지기도 했는데요. 여러 번
이사를 하는 중에 『우리들의 광기를 참고 견딜 길을 가르쳐
달라』만 빼고 잃어버렸습니다. 다시 모으려는 생각을 여러 번
했는데, 이제 여러 출판사에서 그의 작품을 내놓고 있으니
굳이 그럴 필요가 없겠죠. '문학과 삶은 별개가 아니다'라는
그의 신념은 작품뿐 아니라 실천으로 이어집니다. 그는
인터뷰집 『오에 겐자부로, 작가 자신을 말하다』에서 기록하는
자신의 습관에 대해 다음과 같이 말합니다. 어떤 만년필을
사용하는지, 어떤 독서 카드를 사용하는지 말이죠. 한 글자도
쓰지 않는 날이 없다는 답변에 밑줄을 쳐야겠군요.

창작에 꼭 필요한 소도구는?

정정할 때 필요한 가위와 풀입니다. 고쳐 쓰는 단계에서는

독일 리라LYRA의 굵은 색연필.

만년필로 원고를 쓰시는데, 고집하시는 브랜드 등은 없으십니까?

몽블랑 마이스터스튀크Meisterstück, 펠리칸 주버렌Souverän으로

통일하게 되었습니다. 대개 에세이나 평론을 쓸 때는

몽블랑을, 소설은 펠리칸을 사용합니다. 만년필의 몸통에

잉크를 넣어 두는 장치가 잘 망가지는 것은 언제나

골칫거리입니다.

한 글자도 쓰지 않는 날은 1년에 며칠 정도 되십니까?

없습니다. 항상 카드나 노트에 쓰기 때문에.

독서 카드는 계속해서 적어두십니까? 몇 장 정도나 됩니까?

한 권 다 읽으면 B5 사이즈의 카드에 적습니다. 콜레히오데

메이코에서 강의를 마치고 돌아오는 길에 공항에서

사르트르에 관련된 20년치 카드를 넣어 둔 특제 트렁크를

도둑맞았습니다. 그 이후로 어떤 주제에 맞춰 책을 3년 정도

읽고서 뭔가 그것과 관련된 일이 끝나고 나면, 사용한 카드를 열심히 보존하지는 않습니다.

일기를 계속 쓰신다는 것이 정말입니까? 언제부터입니까?

일기는 카드(B6)나 천으로 장정한 노트(A4)에 씁니다. 주로 소설을 준비하는 노트와 독서카드에 짧은 일기 같은 기술과 감상이 적혀 있습니다. 와타나베 가즈오 선생님이 일기를 쓰는 것은 좋지만, 어느 정도 기간이 지나면 태워 버리라고 하셔서 그렇게 하고 있습니다. 지금 남아 있는 것은 1999년부터 2006년까지 쓴 것으로 딸에게서 받은 스웨덴제 A4 판형의 노트 열다섯 권입니다. 『체인지링』을 쓰면서 캘리포니아대학 버클리 분교에서 발견한 힌트나 『책이여 안녕!』을 마칠 때까지 적은 독서카드 같은 것도 다 거기에 썼습니다.

2. 브루스 채트윈

브루스 채트윈은 미술품 경매 회사인 소더비즈 사의
경비로 취직해 팔 년 만에 최연소 이사 승진, 미술품 감정을
하다 시력에 문제가 생겨 사직하고 다시 대학에 들어가
고고학을 공부하다 중퇴합니다. 그리고 『선데이 타임스』의
기자로 일하다 인터뷰를 위해 만난 디자이너이자
건축가인 아일린 그레이의 부탁을 받아 남아메리카의
최남단 파타고니아로 훌쩍 떠나 '전설의 방랑자'가 된
기묘한 인물이죠. 브루스 채트윈은 "여권 잃어버리는 건
제일 사소한 걱정거리에 불과했다. 노트를 잃어버린다는
건 재앙이었다"라고 했습니다. 그의 작품은 모두 그가
끔찍이도 아낀 노트에서 시작되었습니다. 그는 여행 중에도
기록하기를 멈추지 않았고 그 노트들이 '여행 문학의
신기원'을 만들어 내는 원천이 되었죠. 특히 '몰스킨'에
대한 애정은 과하다 싶을 정도입니다. 『송라인』에 이런
에피소드가 나옵니다.

> 나는 샤워를 하고 가방을 쌌다. 오래된 검은색 노트

한 무더기를 챙겨 넣었다. 『노마드』 책 집필을 위한 노트들로,
원고를 태워 버렸을 때 남겨 둔 것이었다. 어떤 노트는
적어도 10년간 한 번도 들춰 보지 않았다. 거의 알아볼 수 없이
휘갈겨 쓴 메모, '생각'들, 인용구, 짧은 만남의 기록, 여행기,
소설을 위한 메모 등이 뒤죽박죽되어 있었다. 그것들을
오스트레일리아에 가져온 건, 도서관이나 다른 이들의 책과
멀리 떨어진 사막 어딘가에 숨어 새롭게 읽어 보고 싶었기
때문이다.

(중략)

프랑스에서 이런 노트는 '카르네 몰스킨'으로 알려져 있다.
'몰스킨'이란 노트의 검정 유포 장정을 말한다. 파리에
갈 때마다 나는 앙시엔코메디 거리의 문구점에서 새 노트를
사곤 했다. 내지에 격자가 쳐져 있고 면지에 고무 밴드로 고정한
디자인이었다. 나는 그 노트들에 일련번호를 붙여 놓았다.
첫 장에 내 이름과 주소를 쓰고, 찾아 주는 사람에게는
보상하겠다고 썼다. 여권 잃어버리는 건 제일 사소한 걱정거리에
불과했다. 노트를 잃어버린다는 건 재앙이었다.
20여 년간 여행하면서 딱 두 권을 잃어버렸다. 하나는
아프가니스탄의 버스에서 사라졌고, 다른 하나는 브라질
비밀경찰이 압수해 갔다. 경찰은 어떤 투시력을 통해선지,

내가 쓴 글 몇 줄이(바로크미술에서 표현된 그리스도의 상처에 대한 글이었다.) 그들의 정치범 관련 업무에 대한 암호로 된 설명이라고 상상했다.

오스트레일리아로 떠나기 몇 달 전, 문구점 주인이 내게 '진짜 몰스킨'을 구하기가 점점 더 어려워진다고 말했다. 공급처는 단 하나, 투르에 있는 작은 가족 경영회사였다. 그들은 편지에 무척 느린 속도로 답장을 보냈다. 나는 주인 마담에게 말했다.

"100권을 주문하고 싶은데요. 100권이면 평생 갈 테니까요."

그녀는 오후에 당장 투르에 전화하겠다고 약속했다.

점심때 나는 정신이 확 드는 경험을 했다. 리프 식당의 수석 웨이터가 더는 나를 알아보지 못했다.

"Non, Monsieur, il n'y a pas de place(손님, 자리가 없습니다)."

5시에 나는 약속대로 마담에게 갔다. 제조업자는 죽었다. 상속인들은 회사를 팔았다. 그녀는 안경을 벗고, 거의 죽음을 애도하듯 말했다.

"Le vrai moleskine n'est plus(진짜 몰스킨은 이제 없어요)."

3. 신영복

사형을 언도받고 차가운 육군 교도소 감방 바닥에 엎드려
유서처럼 써 내려간 신영복 선생의 「청구회 추억」을 읽는 동안
마음이 계속 아릿했습니다. "하루 두 장씩 지급되는 재생종이로
된 휴지에, 항소 이유서를 작성하기 위해서 빌린 볼펜"으로 쓴
「청구회 추억」은 신영복 선생이 1966년 봄 서오릉에 한나절
답청 갔다 만난 아이들과의 인연을 담고 있습니다. 죽음을
앞둔 사형수의 글이 이리 담담할 수 있나, 이렇게 글을 쓸 수
있었기에 억울하고 답답한 마음을 가라앉힐 수 있지 않았을까
많은 생각을 했습니다. "기록이라기보다는 회상이었다. 글을
적고 있는 동안만은 옥방의 침통한 어둠으로부터 진달래꽃처럼
화사한 서오릉으로 걸어 나오게 되는 구원의 시간이었다"라고
선생은 말합니다. '글 쓰는 행위의 가치'를 간증하는 데 이보다
절절한 문장을 어디에서도 발견하지 못했습니다. 「청구회
추억」은 같은 이름의 책이 나와 있지만, 꼭 『신영복의 엽서』를
구해 읽길 권합니다. 당시 재생종이 위에 썼던 글을 그대로 볼 수
있으니까요. 감옥에서 몰래 썼던 「청구회 추억」이 어떻게 세상
밖으로 나올 수 있었을까요. 선생의 회상은 영화의 한 장면을

보는 듯합니다.

나는 '청구회 추억' 외에도 여러 가지 메모를 휴지에 남겼다.
이것은 교도소에서 허용되지 않는 것이어서 공책처럼 묶어
몰래 감추어 두고 있었다. 대법원의 파기환송을 거쳐 결국
무기징역으로 형이 확정되고 민간교도소로의 이송을
기다리고 있던 1971년 9월 어느 날, 갑자기 이송 통보를
받았다. 경황없는 이송 준비 중에도 그 휴지묶음이
걱정이었다. 소지품 검사 과정에서 압수될 것이 틀림없기
때문이었다. 나는 황급하게 가까이 있는 근무 헌병에게
그 휴지묶음을 부탁했다. 재판정에서 우리들의 법정진술을
지켜보았던 근무 헌병들이 대체로 우호적이었기 때문이다.
집에 전달해 주거나 그것이 불가능하다면 당신이 가져도
좋다는 말을 덧붙였던 것으로 기억한다. 그리고 어둡고 긴
무기징역의 터널로 걸어 들어갔다. 휴지 묶음과 청구회는
망각되었다. 옥중서간집 『감옥으로부터의 사색』 초판은
내가 출소하기 전에 만들어졌고 '청구회 추억'이 그 책에
실리지 않았음은 물론이다. 출소 이듬해 이사할 때였다.
아버님의 방에서 놀랍게도 그 휴지묶음이 발견되었다. 어느
청년이 전해 주었다는 말씀이었다.

4. 스티븐 킹

스티븐 킹의 베스트셀러를 헤아리는 것은 상당히 어려운
일입니다. 얼마나 많은 작품을 썼는지도 세고 싶지 않습니다.
국내 번역된 것만 해도 절판되지 않고 구입 가능한 책이
80종이 넘습니다. 1967년 데뷔한 이래 지치지 않고
이야기꾼으로 버틸 수 있었던 비결은 무엇일까요. 그는
세탁 공장 인부로, 건물 경비원으로 일하며 생계를 잇기
위한 수단으로 글을 씁니다. 지금까지 500편이 넘는 작품을
썼고, 수많은 작품이 드라마와 영화가 되었죠. 저는 그의
작품 중 『리타 헤이워드와 쇼생크 탈출』을 가장 좋아합니다.
언젠가는 책방에 리타 헤이워드 포스터를 구해 붙여 놓고
그 앞에 스티븐 킹의 작품들을 진열해 놓고 싶군요. 스티븐
킹은 작가가 되고 싶다면 무엇보다 두 가지 일을 '반드시'
해야 한다고 충고합니다. "많이 읽고 많이 쓰는 것이다.
이 두 가지를 슬쩍 피해 갈 수 있는 방법은 없다. 지름길도
없다." 여기서 '많이 쓰는 것'은 자신의 이야기를 만들어 내는
것이기도 하지만 필사도 포함된다고 봅니다. 모든 사람이
작가가 되기 위해 필사하는 것은 아니겠지만, 작가가 되길

원한다면 필사는 꼭 필요한 일일 수 있겠군요. 하지만 재미가 없다면 굳이 억지로 할 필요가 없습니다. 그의 생각도 저와 같군요. 그의 책『유혹하는 글쓰기』에 나오는 내용입니다.

즐거움이 없으면 아무리 해도 소용이 없다. 그렇다면 차라리 자기가 더 많은 재능을 지니고 있고 재미도 있는 다른 분야로 눈을 돌리는 편이 낫다. 재능은 연습이라는 말 자체를 무의미하게 만들어 버린다. 자신에게서 어떤 재능을 발견한 사람은 (그것이 무엇이든지 간에) 손가락에서 피가 흐르고 눈이 빠질 정도로 몰두하게 마련이다. 들어 주는 (또는 읽어 주는, 또는 지켜보는) 사람이 없어도 밖에만 나가면 용감하게 공연을 펼친다. 창조의 기쁨이 있기 때문이다. 환희라고 해도 좋다. 그것은 악기를 연주하거나 야구공을 때리거나 400미터 경주를 뛰는 일뿐만 아니라 독서나 글쓰기에서도 마찬가지다.

5. 이태준

수필가 박연구 님이 고서점 호산방에서 쌀 한 가마니 값에
상허 이태준의 수필집 『무서록』 초판본을 구입한 이야기를
보고 헌책방을 꾸리는 처지인 저는 고개를 끄덕일 수밖에
없습니다. 지금이야 쌀 한 가마니 값이라고 해 봐야 얼마나
될까요. 지금 값이라도 어떤 분은 책 한 권과 쌀 한 가마니를
바꾸는 것이 비싸다 할 수도 있겠습니다. 다들 책값이 많이
비싸졌다 하지만 다른 물건 값에야 비하겠습니까. 만약 제가
어느 책방에서 김용준의 『근원수필』과 이태준의 『무서록』
초판본을 찾았다면 빚을 내진 못하겠지만 가진 것을
팔아서라도 값을 치르겠습니다.
이태준 선생은 여러 권 노트를 두고 썼습니다. 그리고
끊임없이 작품의 실마리를 찾고 문장을 다듬었습니다.
『무서록』에 나오는 '제재'製材입니다.

> 잡기장이 책상에 하나, 가방에나 포켓에 하나, 서너 개 된다.
> 전차에서나 길에서나 소설의 한 단어, 한 구절, 한 사건의
> 일부분이 될 만한 것이면 모두 적어 둔다. 사진도 소설에

나올 만한 풍경이나 인물이면 오려 둔다. 참고뿐 아니라 직접
제재로 쓰이는 수가 많아 나는 사건보다 인물을 쓰기에
좀 더 노력하는데 사진에서 오려진 인물로도 몇 가지
쓴 것이 있다. 제재에 제일 괴로운 것은, 나뿐이 아니겠지만
가장 기민하게, 가장 힘들여 취급해야 할 것일수록 모두
타산지석으로 내어던져야 하는 사정이다.

6. 정약용

필사를 많이 하는 것보다 꾸준히 조금씩 하는 편이 낫다고
생각합니다. 급하게 앞뒤 재지 않고 베껴 쓰면 남는 것이
없더군요. 한 문장을 옮기더라도 작가의 입장에서 뜯어보며
필사하는 편이 열 문장을 빨리 쓰는 것보다 중요합니다.
하지만 가끔은 빨리 필사해야 할 때가 있습니다. 구술을
옮기거나 책을 빨리 보고 돌려주어야 할 때, 갑자기
떠오른 아이디어를 옮겨야 할 때…….. 헤아리면 꽤
많습니다. 속필速筆은 유용하지만 악필로 이어지는 경우가
대부분입니다. 기껏 글로 옮기고 알아보지 못한다면 아무런
소용이 없죠. 필사를 오랫동안 하다 보면 속필도 능숙해지긴
합니다만 쉽사리 자신만의 '속필체'를 만들기는 힘듭니다.
다산 정약용은 주변 사람이 모두 인정한 '속필가'였습니다.
그는 평소 책의 중요한 부분을 베끼며 읽는 '초서'抄書를
매우 중요하게 여겼는데 책의 내용을 기억하고 이해하기
위해선 초서보다 나은 것이 없다고 믿었습니다. 자연스럽게
속필가가 되었겠죠.『다산의 한평생』에는 정조 임금과
세심대에 꽃구경을 간 신하들이 시를 짓는 장면이 나옵니다.

정조가 오색채전五色彩牋(종이의 한 종류) 한 축을 놓고 누가
가장 속필이냐고 묻자 신하들이 모두 정약용을 꼽습니다.
그 장면에 이어진 글입니다. 일을 믿고 맡길 만한 신하를
발견한 정조의 미소가 상상이 갑니다.

임금이 공(정약용)에게 명하여 어막御幕 안에 들어와

시를 옮겨 쓰라고 하였다. 공이 어탑御榻 앞에서 붓을 뽑아

쓰려고 하니, 임금이 "장막 안의 땅이 고르지 못하니

어탑 위에다 시축詩軸을 편안하게 올려놓고, 너는 어탑 아래에

앉아 쓰는 것이 좋겠다"고 하였다. 임금이 바야흐로

어탑 위에 앉으니, 임금의 위엄이 지척에 있는지라 공이

머뭇머뭇하여 감히 앞으로 나아가지 못하자, 임금이

빨리 하라고 명을 하여 할 수 없이 시키는 대로 하였다.

붓을 놀림에 임금이 내려다보고 잠시 후 웃으면서

"과연 속서速書로구나"라 하였다.

7. 알-나딤

알-나딤에 대한 이야기는 움베르토 에코와 장 클로드
카리에르의 대담집 『책의 우주』에서 읽었습니다. 카리에르는
그에 대해 아주 짧게 언급하는데 알-나딤(본명은 '아불 파라즈
무하마드 알-나딤')의 생애는 거의 알려진 것이 없고 988년
그의 책 『알 피리스트』만 남아 있을 뿐입니다. 알-나딤의
아버지는 서적상이었고 그 자신은 바그다드에서 제본공으로
일했습니다. 『알 피리스트』는 도서관 장서의 내용을 요약한
'목록'으로, 그는 자신이 읽거나 작업했던 책을 꼼꼼하게
요약하고 기록해 묶었습니다. 중요한 것은 『알 피리스트』에
언급된 책은 대부분 사라졌고, 그 책들의 존재를 기억하는 건
이 책밖에 없다는 사실입니다. 카리에르는 컴퓨터를 통해
무한한 양의 정보에 접근할 수 있는 현 시대에 '기억'이란
단어의 의미는 무엇인가 반문합니다. 에코는 기억이란 '종합의
기술'이라고 말하며 진위 여부를 확인할 수 있는 정보를
다루는 법을 배워야 한다고 강조합니다. 필사는 단순히 베껴
쓰기가 아닌 내게 주어진 정보를 요약하고 가공하는 일이기도
합니다. 『책의 우주』에 나온 알-나딤 이야기입니다.

아시겠지만 제본술을 발명한 것은 바로 이란인들이었습니다.
문서를 보호하기 위해 그것을 완전히 덮어 버리는 장정을
발명한 것도 그들이죠. 교양 있는 제본공이요, 서예가이기도
했던 이 남자는 그가 제본을 맡은 책들에 흥미를 느낀 나머지,
그것들을 읽고서 각 책의 내용을 요약해 놓았답니다.
그런데 그가 제본한 책들은 오늘날 대부분 사라져 버렸고,
남은 것은 제본공의 요약문들, 즉 『알 피리스트』Al Fihrist 라는
제목의 목록집뿐이죠. (중략) 제본공의 손에 들어간 책들,
그리고 우리로서는 그 사람 덕분에 존재를 알게 된 책들에
대해 우리는 무엇을 알 수 있는가? 다시 말해서 제본공의
귀중한 요약 작업, 다시 말해서 그의 개인적인 여과 작업의
결과물을 통하여 우리가 정확하게 알 수 있는 부분은
무엇인가?

8. 드니 디드로

프랑스 계몽사상가 드니 디드로는 평생 『백과전서』를
만드는 데 헌신했습니다. 이 『백과전서』에 참여했던
계몽사상가 집단을 '백과전서파'라고 합니다. 볼테르, 루소,
몽테스키외 등 당시 내로라하는 사상들이 『백과전서』를
만드는 데 힘을 보탰고, 이들을 앞에서 진두지휘했던 이가
바로 드니 디드로였습니다. 가톨릭 교회와 절대 왕정에
반대했던 이들은 『백과전서』를 만들며 교회와 정부의 탄압을
받았습니다. 집필과 간행에 30년이 걸린 방대한 작업을
하는 동안 디드로는 궁핍한 생활을 했고 당시로선 엄청난
부수를 판매했음에도 자신의 귀중한 장서를 팔아야 할
정도로 가난했습니다(백과전서는 복사판과 해적판을 포함해
약 25,000부의 판매고를 기록했습니다). 디드로가 내놓은
장서를 남편을 폐위하고 스스로 차르가 된 예카테리나
대제가 비싼 값에 사 주지 않았더라면 그의 삶은 나락으로
떨어질 수밖에 없었을 겁니다. 계몽주의 사상에 빠져 있던
예카테리나 대제는 그가 팔기 위해 내놓은 장서를 구입해 평생
소장할 수 있도록 배려했습니다. 『백과전서』를 읽고 디드로의

후원자가 되었던 것일까요.

어쨌거나 디드로는 어떤 어려운 상황에서도 글쓰기를
멈추지 않습니다. 그의 일대기를 읽노라면 유쾌하고
사려 깊고 균형 잡힌 지식인의 전형을 보는 듯합니다.
조금이라도 모난 성격이었다면 『백과전서』를 만드는 동안
100명이 넘는 저자들을 다독이고, 스스로 글을 쓰는 일을
할 수 없었을 테니까요. 미하엘 코르트의 『광기에 관한
잡학사전』에 실린 그의 짧은 일대기입니다.

> 프랑스의 백과전서파는 여러 세대를 거치면서 축적된
> 혁명적인 아이디어 이상을 내놓으려고 하지 않았다. 디드로가
> 모든 것을 주관했다. 공동 발행인이자 수학자인 J가 사례비에
> 관한 분쟁 때문에 떨어져 나간 후 디드로는 L과 함께
> 수천 개의 텍스트를 직접 쓰고 100명 이상의 저자들과
> 협력하여 7만 2,000개가 넘는 항목을 모았다. 20년간의
> 노력 끝에 이 거작이 출판되자 엄청난 반향이 일어났다.
> 17권의 텍스트와 11권의 그림으로 구성된 『백과전서』는
> 1751년부터 4,225건의 구매 예약을 받았다. 당시에는
> 초판으로 500부에서 1,000부를 찍는 것이 보통이었다.

9. 임종국

임종국 선생이 계시지 않았더라면 일제 강점기
친일파 연구는 제대로 이뤄지지 않았을 겁니다.
반민족행위특별조사위원회를 해체하고 친일파를 중용했던
이승만, '멸사봉공' 혈서를 쓰고 만주국 육군군관학교에
들어가 일본군 장교가 되었던, 그리고 대통령이 되자
한일협정에 목을 맸던 박정희 정권을 거치는 동안
친일부역자들은 끊임없이 자신의 과오를 지우려 했습니다.
1966년 발간된 『친일문학론』을 쓰기 위해 자료를 조사하던
임종국 선생은 자신의 아버지 임문호의 친일 행적을
발견합니다. 깊은 고민에 빠진 그는 아버지를 찾아가
묻습니다.
"아버지, 아버지 이름을 뺄까요. 그럼 공정하지 않은데."
아버지는 이렇게 답합니다.
"내 이름도 넣어라. 내 이름 빠지면 그 책은 죽은 책이다."
뼈를 깎는 아픔을 견디며 만든 이 책은 학계에서도
대중에게도 철저하게 외면당합니다. 생활고를 이기지 못한
임종국 선생은 천안으로 이사 가 농사를 짓습니다.

하지만 친일파 연구를 멈추지는 않았습니다. 여동생에게
돈을 빌려 서울에 자취방을 얻어 놓고 6개월 동안
총독부 관보와 『매일신보』 등 자료를 필사합니다.
그때 나이 쉰여섯, 결국 병을 얻고 맙니다. 한번 얻은
병은 쉽게 물러날 줄 몰랐죠. 그때까지 필사한 자료를
바탕으로 1만 2천 장의 친일인명카드를 작성합니다.
이 친일인명카드는 선생이 세상을 떠나고 20년이 지난
2009년 민족문제연구소에서 발간한 『친일인명사전』의
바탕이 됩니다.

임종국 선생이 펜으로 정서한 '친일인명카드'와 노트들은
'필사의 정수'라고 생각합니다. 투철한 역사의식과 강건한
의지가 바탕이 된 필사는 그 가치를 매길 수 없을 정도로
소중합니다. 임종국 선생이 이룬 일이 그 증거입니다.
선생이 남긴 글입니다.

> 혼이 없는 사람이 시체이듯이 혼이 없는 민족은 죽은
> 민족이다. 역사는 꾸며서도, 과장해서도 안 되며 진실만을
> 밝혀서 혼의 양식으로 삼아야 한다. 15년 걸려서 모은
> 내 침략·배족사의 자료들이 그런 일에 작은 보탬을
> 해 줄 것이다. 그것들은 59세인 나로서 두 번 모을 수

없기 때문에 벼락이 떨어져도 나는 내 서재를 뜰 수가 없다.

자료와 그것을 정리한 카드 속에 묻혀서 생사를

함께할 뿐이다.

12 옮겨 쓰고 싶은 책 열 권, 참고할 만한 책 다섯 권

—『무서록』부터 『문구의 모험』까지

옮겨 쓰고 싶은 책 열 권

『무서록』과 『문장강화』

상허 이태준 선생의 작품을 좋아합니다. 그중에서 수필집 『무서록』은 여러 번 보았습니다. 책방 칠판에 크게 써 둔 문장이 있습니다.

책은 한껏 아름다워라

그대는 인공으로 된 문화물

가운데 꽃이요 천사요

또한 제왕이기 때문.

이 책에도 이태준 선생의 글을 여러 번 옮겨 적었습니다. 고졸한 그의 문장을 필사하다 보면 글맛이 무엇인가 어렴풋이 깨닫게 됩니다. 특히 『무서록』에는 글쓰기에 대한 깊은 재미를 느낄 수 있는 책, 만년필, 수첩, 글씨에 관한 여러 가지 이야기가 나옵니다. 이미 필사를 하고 있는 분이라면 대부분 공감할 내용이겠군요. 이태준 선생과 같은 시대를 살았던 평론가 이원조는 "상허 이태준은 '문장도의 수립에 있어 불발의 기초'를 놓았다. 이태준은 '글에는 화化한 사람'이다"라고 평가했습니다. 이태준 선생이 엮은 『문장강화』는 '빼어난 조선의 문장들'을 가져와 엮었습니다. 두 책 모두 필사하며 문장의 깊은 맛을 음미하기 좋습니다. 문장을 단련하기에 이 두 책만 한 것이 없는 듯합니다. 남녘에 살아 계셨으면 꼭 한번 찾아 뵈었을 텐데요.

『김성동 천자문』과 『대동천자문』

오래전 소설가 김성동 선생을 뵙고 인터뷰한 적이 있습니다. 『김성동 천자문』이 출간되었던 해이니 2004년입니다. 벌써 십 년이 훌쩍 넘었군요. 『김성동 천자문』 보급판을 들고 선생님께 인사를 드렸더니 웃으시며 가지고 계신 큰 판형을

내주셨던 기억이 선명합니다. 강원도 심심유곡에 있는
선생님 댁 거실은 붓글씨로 가득했습니다. 선생의 글씨는
문단에서도 유명합니다. 선생님께 받은 천자문을 놓고
필사를 시작했습니다. 한문 공책을 놓고 하루 두 바닥씩
쓰면 일주일에 천자문 한 벌을 베껴 쓸 수 있었습니다.
열 번 넘게 필사했던 것 같습니다. 공책을 가득 채우면
버리고 또 새 공책을 사길 반복했습니다. 『김성동
천자문』뿐 아니라 『대동천자문』을 필사하기도 했죠.
『대동천자문』은 김균 선생이 자식을 가르치기 위해
우리나라 역사와 문화를 토대로 엮은 책입니다. 두 책 모두
필사하기 적당합니다. 처음 시작할 때는 막막하지만 실제

필사를 해 보면 천자문의 분량이 그리 많지 않다는 사실에 놀라실 겁니다. 그렇게 필사를 했지만 겨우 앞가림할 정도로 한자의 음과 훈을 알 뿐이니 아쉽습니다. 단순히 필사하는 데 그치지 않고 더 깊이 공부했더라면 좋았을 텐데요. 다시 공부할 기회가 있겠지요.

『정본 백석 시집』과 『한국 현대 시선 I·II』

딱 한 권 필사할 시집을 꼽으라면 역시 '백석'입니다. 영어 강의를 하고 있는 백석의 사진을 보면 잘생긴 댄디맨이나 시는 서정 짙고 애끓는 문장입니다. 한글로 이보다 더 시를

잘 쓸 수 있는 사람이 있을까 싶군요. 사진 속에 보이는 백석의 영어 필체는 활달합니다. 하지만 그의 시를 읽노라면 가슴 깊숙한 곳까지 아릿합니다. 무엇이 그의 진면목일까요. 해방 후 고향인 평안북도 정주에 자리 잡았던 그도 이태준 선생처럼 월북 작가로 분류되어 1987년 시 전집이 나오기 전까지 오랫동안 조명받지 못했습니다. 이렇게 해방 후 분단으로 인해 잊힌 작가가 얼마나 될까요. 분명 아직 찾지 못한 작가도 많을 텐데 안타깝습니다. 주변에 필사를 시작하는 분께 으뜸으로 권하는 책이 『정본 백석 시집』입니다. 『나와 나타샤와 흰 당나귀』도 좋습니다. 백석만 옮기기 아쉽다면 신경림 선생이 엮은 두 권짜리 『한국현대시선』을 추천합니다. 여러 시인들의 작품을 한꺼번에 필사할 수 있고, 하다 보면 자연스레 내가 좋아하는 시와 시인으로 필사를 확장할 수 있으니까요.

『손바닥소설』과 '호시 신이치의 플라시보 시리즈'

필사할 작품은 짧을수록 좋습니다. 필사를 갓 시작하여 아주 긴 대하소설 같은 것을 선택했거나 계획하고 있다면 잠시 보류하는 편이 좋습니다. 아마 열에 아홉, 그보다 높은

비율로 포기하는 경우가 많을 겁니다. 간증이나 수행을 위해
성서나 불경을 필사하는 것은 논외로 하겠습니다. 필사의
목적은 단순히 베껴 쓰기에 있지 않고, 필사를 넘어 나만의
문장을 갖기 위한 것입니다. 분량이 많은 작품을 처음부터
끝까지 필사하는 것이 결코 나쁘지는 않지만 원래의 목적에
충실하고 싶다면 '엑기스' 같은 작품을 집중 선택해야 합니다.
가와바타 야스나리의『손바닥소설』과 '호시 신이치의
플라시보 시리즈'는 필사의 본으로 삼을 만합니다. 짧은 것이
첫 번째 이유요 재미있다는 것이 두 번째 이유입니다. 결론은
짧은 글로도 충분히 재미있는 이야기를 만들 수 있다는
사실을 이 두 권의 책으로 필사하며 체득할 수 있습니다.

『침묵의 세계』와 『불안의 책』

문장을 벼린다는 말을 이 두 권의 책으로 깨달았습니다.
막스 피카르트의 『침묵의 세계』는 현재 우리가 '잃어버린
세계'에 대해 이야기합니다. 멈추지 않는 소리와 소음
속에서 침묵을 찾기는 쉽지 않습니다. 필사를 하려는
이유도 따지고 들면 소리와 소음으로 잃어버린 침묵의
세계로 잠시나마 돌아가려는 것이 아닐까요. 『침묵의
세계』에 나오는 문장을 필사하다 보면 사유와 글쓰기에
대해 다시금 생각하게 됩니다. 최승자 시인의 번역이

유려합니다.

> 시간 속에 깃든 침묵이 없다면 망각도 용서도 존재하지
> 않을 것이다. 왜냐하면 시간 자체가 침묵 속으로 입적되듯이
> 시간 안에서 일어난 일들도 시간 속으로 입적되고, 그 때문에
> 인간은 시간 속에서 깃든 침묵을 통해서 망각과 용서로
> 인도되기 때문이다.

페르난두 페소아의 『불안의 책』은 '20세기 가장 아름다운 일기'로 평가받습니다. 그는 본명을 버리고 베르나르두 소아레스라는 이름으로 '불안의 책'을 채워 갑니다. 원하지 않는 일(직물 회사 회계사 보조)을 하며, 창작의 욕구에 사로잡혀 방황하고 좌절하는 자신의 내면을 숨김없이 드러냅니다. 일기이기 때문에 가능한 일이겠죠. 금전 출납부에 숫자를 써넣으면서 넓은 대양을 여행하는 자신을 상상하는 일, 여행 팸플릿과 엽서를 보며 위대한 여행가를 꿈꾸는 일은 행복일까요 불행일까요. 무료한 일상에서 벗어나기 위한 치열한 몸부림이 바로 이 책의 문장에 녹아 있습니다.

참고할 만한 책 다섯 권

『나의 고릿적 몽블랑 만년필』

오래된 사물의 아름다움에 대한 예찬이 가득한 책입니다.
제목 그대로 '고릿적 몽블랑 만년필'에 대한 이야기도

나오고, 몽당연필, 연필깎이, 잉크병과 펜촉, 타자기,
필통……. 저자가 독일 유학 시절 벼룩시장에서 구했던 낡은
사물들에 대한 담백한 에세이와 사진이 실려 있습니다. 내가
가진 것들에 대한 애정을 그처럼 남길 수 있으면 좋겠다, 책을
읽는 내내 바랐습니다. 오래된 사물이 가진 아우라, 그것을
만들고 소유했던 사람의 흔적, 얽히고설킨 예술 이야기가
흥미롭습니다. 그는 "사물들은 과거의 화려했던 꿈을 간직한
채 망각되어지지 않는 꿈을 꾸고 있었다"라고 말합니다.
저 역시 책상 위에 손때 묻은 물건들을 보면 그런 생각이
듭니다.

『만년필입니다』

만년필로 필사하겠다 마음먹었다면 꼭 필독해야 할 책입니다.
만년필의 역사에서 구입 요령, 청소 방법까지 '만년필
사용자를 위한 입문서'입니다. 국내에서 만년필을 전문적으로
다룬 유일한 책이 아닐까요. 이 책을 읽고 나면 만년필 욕심이
강렬해질지도 모르겠습니다. 욕심부터 내기 전에 우선 지금
손에 쥐고 있는 만년필을 잘 길들이는 것이 먼저일 테죠.
이 책에 실린 기본 지식만 숙지해도 만년필에 대한 두려움과

여러 시행착오를 줄이는 데 도움이 됩니다.

『연필 깎기의 정석』

칼로 연필 깎기를 좋아합니다. 연필깎이로 손쉽게
깎을 수도 있겠지만 연필 깎는 과정을 즐기는 편이죠. 심이
뭉툭한 연필을 꺼내 놓고, NT커터 Pro-A로 깎습니다.
과장해서 말하면 작품을 빚는 기분이죠. 적당한 길이로
깎고 연필심을 뾰족하게 갈아 내는 과정까지 십 분이면
충분합니다만 필사하기 위해 연필을 깎는 행위에는
경건한 '무언가'가 있습니다. 『연필 깎기의 정석』의 저자
데이비드 리스는 그 '무언가'를 아주 깊고 세밀하게 잡아
냅니다. 그를 두고 '잉여의 장인'이라 부르고 싶더군요.
연필을 깎기 전 왜 '몸풀기'가 필요한지 궁금하다면 이 책을
추천합니다. 데이비드 리스가 연필을 깎는 모습을 직접
보고 싶다면 그의 홈페이지 www.artisanalpencilsharpening.
com을 찾아가 보세요.

『문구의 모험』

평소 문구에 대해 관심이 있다면『문구의 모험』을
추천합니다. 클립, 핀, 만년필, 볼펜, 연필, 종이, 지우개,
접착제, 포스트잇……. 우리가 흔히 쓰는 문구의 역사가
이렇게 깊고 넓은 것이었나 다시 보게 될 겁니다. "문구의
역사는 곧 인간 문명의 역사"라고 말한 이 책의 저자이자
런던문구클럽의 창설자인 제임스 워드의 의견을 전적으로
지지합니다. 인간의 문명은 문자를 만든 이후 시작되었고,
문구는 문자를 만든 이후 진화합니다. 지금 우리가 사용하고
있는 문구가 진화의 종착지는 아니겠지요. 문구점에 갈
때마다 새로운 제품이 나오는 것을 보면 진화는 계속되고
있습니다. 아무리 '디지털 문구'가 발전하더라도 장담하건대
종이와 펜은 어떤 형태로든 살아남을 겁니다.

『밥장, 몰스킨에 쓰고 그리다』

필사하다 보면 노트를 더 '예술적'으로 만들고 싶을 때가
있습니다. 필사하는 것과 그림 그리는 것은 별개의
능력일지도 모르겠습니다. 노트에 꼼꼼하게 필사만 하란 법은

없으니까요. 가끔 낙서도 하고 나만의 스타일로 그림을
그려도 좋지 않을까요. 그림 그리는 법을 잊었다고 해도
말이죠. 우리는 모두 글을 배우기 전 그림을 그렸습니다.
글을 쓰며 그림 그리는 법을 조금씩 잊었죠. 필사도
그림도 마음 내키는 대로 하는 편을 저는 좋아합니다.
자투리 시간에 노트의 여백을 채우는 재미란…….
수업 시간에 선생님 몰래 낙서하는 재미를 떠올려 보세요.
『밥장, 몰스킨에 쓰고 그리다』는 쓰고 그리는 노하우가
가득합니다. 꼭 몰스킨을 쓸 필요는 없지만 이 책을 보면
쓰고 싶어질지 모르겠군요.

13 문방구를 사랑하여……

필사와 문구

필사에 대한 애정은 곧 문구에 대한 애정입니다. 두 가지를
저울에 올린다면 무게가 서로 다르지 않을 듯합니다.
어쨌거나 필사 때문에 문구를 사느냐, 문구를 샀기 때문에
필사를 하느냐의 단계는 이제 지난 듯합니다. 문구에 대한
욕심은 예나 지금이나 변함없지만 굳이 필요 없는 것을
구입하는 경우는 거의 없으니까요. 예상보다 빨리 마음에
드는 문구를 찾은 덕분이겠지요. 손에 익은 것은 웬만해선
바꾸지 못하는 천성 탓도 있습니다. 그럼에도 주변을
돌아보면 수많은 펜과 노트가 있습니다.
손에 익지 않은 펜과 노트는 오랫동안 빛을 보지 못합니다.
사용하는 펜과 노트가 거의 정해져 있으니까요. 아무리
문구에 대한 욕심이 없는 사람이라 해도 오랫동안
연필꽂이나 책상 서랍 안에 사용하지 않고 넣어 둔 문구가

많이 있을 겁니다. 카트리지나 심을 교체해야 할 때 펜들을
담은 상자를 꺼냅니다. 예전에 아꼈다가 지금은 사용하지
않는 펜의 노브를 눌러 펜촉을 꺼내면 종이 위에 무언가 쓰고
싶은 기분이 밀려옵니다. 펜이 예전처럼 검거나 푸른 잉크를
팁과 볼까지 흘려 종이 위에 선을 남기는 순간, '나 아직 살아
있다네' 하고 오랜 친구에게 안부 인사를 듣는 기분이 들죠.
앞서도 썼지만 문구를 좋아하게 된 까닭은 돌아서면 이미
반쯤 잊어버리는 형편없는 기억력 탓이 큽니다. 펜을 들어
수첩에 적어 두지 않으면 불안한 마음이 스멀거립니다.
그렇게 수첩에 써 놓거나 스마트폰에 입력했다 하더라도 성에
차지 않죠. 자기 전 수첩을 펴고 오늘 있었던 일, 내일 해야 할
일을 한 번 훑어봐야만 마음이 놓입니다. 이렇게 쓰고 보니
계획적인 사람처럼 보이나 있었던 일, 해야 할 일은 대부분
소소합니다. 만년필을 꺼내, 책을 주문하고 찾고, 누군가
만나고, 연락하고, 장보고……. 여러 짧은 메모를 채운 다음에
자투리 여백에 마음에 드는 문장을 필사합니다.

물질, 한낱 조그만 한 물형物形에 일종의 애정을 폭로함은 스스로
부끄러운 일이 아닐 수 없다. 그러나 사실임엔 감출 필요야
없는 것이다. 나는 만년필을 퍽 사랑한다. 붓은 내 무기이기도

하려니와 아마 나는 글을 쓰지 않더라도 만년필은 다름없이 사랑했을는지도 모른다. 만년필이란 가장 교(驕)하고 간(奸)한 기지(機智)의 자손이면서 그렇게 얄밉거나 건방진 존재는 아니다. 차에서나 배에서나 어디 산골에서나 친구에게 엽서 한 장이라도 쓰고 싶은 자리에서 쓰는 맛은 오직 만년필이 가진 친절에서가 아닐 수 없고 한참 상(想)에 열중했을 때 잉크병에까지 관심하지 않고 달아나는 상의 뒤를 그냥 추격할 용기를 주는 것도 만년필의 혜(惠)가 아닐 수 없다. 나는 다른 방면엔 박하더라도 만년필에만은 제법 흥청거렸다.

　　─이태준, 「만년필」에서

이태준 선생의 이 글을 필사하면서 미소를 지을 수밖에 없었습니다. 형편이 어려운데도 만년필만큼은 "서양 것을 비싸게 주고 즐겨 산" 이유를 해명(?)하는 이태준 선생의 마음을 완벽하게 이해할 수 있었으니까요. 글쓰기를 즐겨 하는 사람에게 만년필은 수족과 같습니다. 만년필을 바꾸면 글이 더 샘솟을까, 글씨가 더 나아질까 기대하는 면도 없지 않습니다. 저 또한 글을 쓰지 않더라도 만년필을 사랑하겠습니다.

문구를 사랑하는 마음은 옛사람도 마찬가지였습니다. 조선

중종 시대에 선비로 살았던 신광한은 서재에서 문방사우를
만나 즐긴 이야기인 「서재야회록」을 남겼습니다. 주인공은
친구들에게 버림받고 집안사람들에게도 멸시당하는 늙고
병든 선비입니다. 이슬 내린 달밤, 뜰을 거닐다 두런거리는
말소리에 이끌려 서재에 들어섰다가 치의자縬衣者(벼루),
탈모자脫帽者(붓), 백의자白衣者(종이), 흑의자黑衣者(먹)를
만납니다. 그들과 함께 밤새 이야기를 나누며 시를
짓습니다. 그중 탈모자의 시입니다.

> 시서를 전한 지도 세월이 오래 흘러
>
> 젊은 얼굴 없어지고 머리 허옇게 세었네
>
> 풍류롭던 옛일은 아무도 관심이 없으니
>
> 술 마시며 글재주 다투는 일 이제 다 틀린 일이로세

그들이 떠나고 날이 밝자, 주인공은 다시 그들을 찾습니다.
깨진 벼루, 뚜껑은 사라지고 닳은 붓, 남은 것이 한 치도
되지 않는 먹을 함께 고이 싸서 담장 밑에 묻어 주고 글을
지어 제사 지냅니다. 그날 밤 꿈에 그들이 다시 나타나
고맙다 인사합니다. 단순한 이야기나 곁에 두고 지낸
자신의 벗에 대한 절절한 사랑을 그대로 느낄 수 있습니다.

아무리 낡고 흠이 생겼다 해도 쉽게 인연을 끊을 수는 없는 법이지요. 주인공은 그들 앞에 이렇게 답시를 남깁니다. 문구에 대한 저의 마음도 이와 같습니다.

> 백 년 교우를 누구와 맺을꼬 하다
>
> 우연히 산중에서 네 노인을 알았네
>
> 뒷날 다시 알 수 있게 오늘밤 이야기를
>
> 서재 책장 속에 보배로 남겨 두리라

문구 고르기

서점만큼이나 시간 보내기 즐거운 곳이 문방구입니다. 아이 손잡고 가는 학교 앞 작은 문방구에서, 온갖 신기한 제품을 갖춘 대형 문구점에서 이것저것 살펴보느라 시간 가는 줄 모릅니다. 2010년에 도쿄 국제도서전을 보러 갔다가 함께 열리는 문구박람회에 가선 눈이 호강했습니다. 그리고 도쿄 긴자 거리에 있는 문구점 이토야에 갔을 때는 신세계가 따로 없더군요. 환율이 100엔당 1,500원에 가까웠던 시절이었던 데다 식사비까지 아끼며 다녔던 터라 그때는 마음에 드는 문구가 있어도 선뜻 구입할 수 없었습니다. 요즘이야 인터넷으로 해외 문구도 직접 구매가 손쉬워 마음만 먹는다면 뭐든 구하기가 어렵지 않습니다만, 눈으로 보고 손에 쥐어 무게와 촉감과 만듦새를 따져 보는 것과 인터넷으로 훑어보는 것은 차이가 크죠. 오랫동안 쓸 문구를 구입할 요량이면 온갖 리뷰를 찾아보게 됩니다. 요즘엔 워낙 꼼꼼하게 문구 사용기를 올리는 분이 많아 찾아 읽는 재미가 있습니다. 다만 내게 맞는 필기구를 찾아 방황할 때는 아무리 꼼꼼하게 사용기를 찾아 읽고 문구점에 가서 직접 손에 쥐고 테스트를 해도 실패할 때가 종종 있습니다.

벼룩시장의 잡동사니 틈에 있던 옛날 고릿적 몽블랑 만년필을 발견했을 때 조금 흥분이 되었다. 만년필은 고풍스러운 은빛이었으며 겉표면은 가는 선의 홈을 파서 은선銀線을 감입하는 은입사銀入絲 기법같이 처리되어 촘촘히 겹쳐진 선이 고상하고 은은한 빛을 띠었다. 내가 아끼는 물건 중에는 어머니의 젊은 날 흑백사진, 어머니가 원산에서 시집올 때 가져온 박달나무로 만든 다듬잇돌, 차 마실 때 애용했다는 일본산 쿠타니 찻주전자가 있다. 그것들에 한 가지 더 보탠다면 집에 있던 은으로 만든 칠보 쌍가락지인데, 만년필의 은빛 촉감에서 그 은가락지의 질감을 느낄 수 있었다. (중략) 만년필 뚜껑을 열 때 별빛처럼 반짝이는 펜촉은 실올 풀리듯 새어 나오는 잉크가 담담한 활자가 되면 고적한 마음에 램프가 켜진다. 19세기에 출간된 렘브란트 예술을 다룬 책을 읽다가 솟구치는 감흥을 단 몇 줄만이라도 만년필로 적고 싶어졌다. 만년필은 어두컴컴한 암실에서 흑백사진이 인화되듯 느림의 미학을 보여 주는 벗이며, 심연 속에서 명암을 풀어내는 예술의 연금술사가 아닐까?

— 민병일, 『나의 고릿적 몽블랑 만년필』에서

좋아하는 문장이라 길지만 그대로 가져왔습니다.

불행하게도 저는 벼룩시장 잡동사니에서 몽블랑 만년필을

단 한 번도 발견하지 못했습니다. 청계천 벼룩시장에

곧잘 다니곤 했는데 만년필 몇 자루를 싼 값에 사 왔으나

항상 실패했죠. 필사를 갓 시작했던 시절이었습니다.

펜에 욕심이 컸지만 주머니가 가벼운 월급쟁이였던지라

언감생심 비싼 만년필은 꿈도 꾸지 못하고 가능성 희박한

행운을 꿈꾸었습니다. 물건 보는 눈이 조금 밝아진 후로도

별 재미(?)를 보지 못한 채 회사 길 건너편에 있던 만년필

매장인 '펜과 사람들'에서 눈요기하는 것으로 마음을

달래곤 했습니다. 그리하여 연필, 볼펜, 수성펜, 붓펜 등

온갖 펜을 뒤로하고 '라미 사파리 만년필'을 구입한 뒤

지금껏 펜촉을 바꿔 가며 사용한 지가 벌써 십 년쯤 되어

갑니다. 아주 현명한 선택이었죠.

라미 사파리 만년필처럼 손에 맞는 문구류를 하나씩 늘린

지금은 '선발'은 거의 고정되었고 '벤치'만 가끔 변동이

있을 뿐입니다. '선발진'은 뒤에서 소개하겠습니다.

사실 문구 고르는 노하우는 특별한 것이 없습니다. 한 번만 만져 봐도 감이 옵니다. 사람을 만날 때의 첫인상과 비슷하달까요. 이 첫인상이 문구를 고르고 결정하는 데 8할쯤 영향을 미치고, 나머지 2할은 브랜드, 소문(리뷰), 경험(시행착오) 등등이 복합적으로 작용합니다. 가장 좋은 것은 지금 손에 익은 것입니다. 한번 마음에 들면 바꾸기 쉽지 않은 게 문구류입니다. 새로운 문구를 고를 때는 어떻게든 직접 사용해 보는 것이 좋습니다. 문구는 손으로 직접 다루는 것이 대부분이라 단순히 브랜드나 디자인, 다른 이의 사용기만 살펴보고 구입했다가 실망하기 쉽습니다. 많은 사람이 좋다고 해도 자신의 손에 맞지 않으면 아무런 소용이 없죠.

특히 고가의 만년필을 구입할 때는 세심한 주의가 필요합니다. 필사를 하다 보면 만년필에 대한 욕심이 끝없이 늘어납니다. 십 년 넘게 라미 사파리 만년필을 사용하고 있고, 저렴한 프레피 만년필로 주로 필사하지만 몽블랑 마이스터스튀크나 파커 51, 펠리칸 M800 같은 이름난 만년필을 사용해 보고픈 충동이 불쑥 솟아오르기도 합니다. 이건 '호모 하빌리스'의 잠재울 수 없는 도구에 대한 욕망과 같습니다. 도구의 인간으로 태어난 이상 자신이 좋아하는 일에 가장 적합한 도구를 찾아 헤매는 것은 자연스러운 일이겠지요. 설사 그것이 낭비라도 말이죠.

나의 필사 도구

펜과 노트 그리고 베껴 쓸 책만 있으면 필사를 위한 준비는
끝입니다. 더 무엇이 필요하겠습니까. 하지만 이 세 가지
단순한 준비물만 가지고 필사를 '순수하게' 즐길 수 있다면
당신은 극단주의자거나 인생의 도를 깨친 사람일 겁니다.
둘 다 속하지 않는다면 필사를 시작할 마음을 먹은 초보자가
틀림없겠죠. 필사가 생활이든 취미든 좀 더 깊게 들어가면
저 세 가지만으로는 부족하다 느낄 테고 번잡한 준비물까지
관심을 두기 마련입니다. 당신의 책상 위에는 지금 어떤
물건들이 놓여 있나요.

나는 만년필을 손에 쥐고 뚫어져라 쳐다보면서 조그만
목소리로 계속 반복했다. 남자, 남자, 남자라니까.
이 마법의 주문은 나에게 천천히 하지만 새로운 시각을
가져왔다. 책상 위의 작은 왕국은 점차 성별이 갈리기
시작했다. 즉 연필은 남자, 볼펜도 남자 이런 식으로 말이다.
—다와다 요코, 『영혼 없는 작가』에서

소설가 다와다 요코의 에세이에 나오는 내용입니다. 그녀는
책상 위에 있는 물건에 말을 걸고 성별을 나눕니다. 독특한
습관이라거나 이상한 행동이라고 생각지는 않았습니다.
정이 들고 아끼는 물건이라면 생명이 있는 듯 여겨지기도
하니까요. 그녀가 가진 집착(?)까진 아니지만 저 역시
손에 익은 필기구를 애지중지합니다. 어떤 것은 두 개를
사 놓기도 하죠. 잃어버렸다 다시 찾는 바람에 세 개가
된 경우도 있습니다. 특히 자주 사용하는 샤프와 볼펜은
주위에 없으면 집중력을 잃거나 불안에서 벗어나지
못할 때도 있습니다. 이건 병일까요?
지금부터 소개하는 문구는 제가 주로 사용하는
필기구입니다. 굉장히 주관적인 기준과 애정으로 가려
뽑은 것입니다만 누구나 수긍할 만한 제품이기도 합니다.
시중에서 대부분 쉽게 구할 수 있고 가격이 그리 비싸지
않습니다. 무엇보다 가격 대비 성능과 견고함을 우선시한
토너먼트(?)를 치열하게 거쳐 선발된 선수들입니다.
여기에 소개된 제품을 구입하면 적어도 '손해'라는 생각은
들지 않을 겁니다. 하지만 앞서 말씀드렸듯, 이 문구들 역시
여러분의 손에 맞지 않으면 아무런 소용이 없습니다.

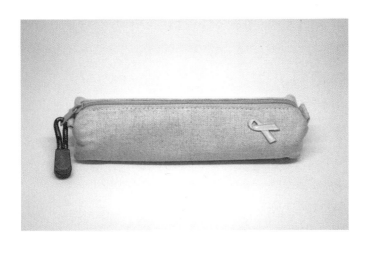

무인양품 필통

군더더기 없는 단순한 디자인에다 가격도 저렴한 필통입니다.
중년 아저씨가 가방에 필통을 넣어 다니는 것이 부끄럽기도
합니다만, 필기구를 여럿 가지고 다니려면 어쩔 수 없습니다.
하도 오래되어 언제 구입했는지 기억조차 가물거리는군요.
지금도 이 제품이 나오는지는 모르겠습니다. 제가 가지고
다니는 필기구가 대부분 들어가고 부피가 크지 않아
낡을 때까지 쓸 생각입니다. 지퍼 고리는 버려진 배낭에서
떼다 달았습니다. 사소한 것인데 지퍼를 열 때마다 잘 달았다

자찬합니다.

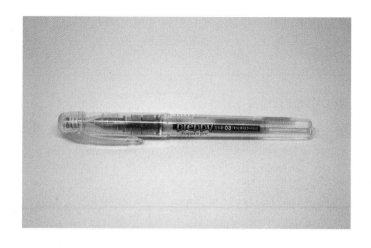

플래티넘 프레피 만년필

필사할 때 가장 많이 사용하는 만년필입니다. 무엇보다
저렴한 가격에 카트리지 교체가 가능하고 필기감이
우수합니다. 처음 이 프레피 만년필을 쥐었을 때 큰 기대는
하지 않았습니다. 하지만 놀라웠습니다. 이게 저가 만년필
수준이라고? 적당한 잉크량, 매끄러운 필기감도 좋았지만
일곱 가지 색을 세트로 구입할 수 있는 점도 좋았습니다.
손쉽고 저렴하게 리필 카트리지도 구할 수 있고요. 가격이
싸서 부담도 없습니다. 비싼 만년필을 사용할 때면 혹시나

잃어버릴까 떨어뜨리지 않을까 하는 여러 가지 걱정 때문에
필사보다 만년필을 챙기는 데 에너지를 더 쏟기 마련입니다.
프레피 만년필은 필사를 좋아하는 이에게 축복입니다.

라미 사파리 만년필

라미 사파리 시리즈는 만년필을 처음 사용하는 분에게
안성맞춤입니다. 가격도 비싸지 않고 그립이 삼각형이라
쥐기가 편합니다. 펜촉의 굵기도 선택할 수 있습니다. 주로
EF 촉을 많이 사용하죠. 사진 속 라미 사파리 만년필은 십 년
가까이 사용했습니다. 그 사이 펜촉도 두 번이나 교체했죠.

펜촉이 벌어지거나 잉크 흐름이 이상하다면 펜촉만 따로
구입해서 교체해 사용할 수 있습니다. 여러 색상이 있는데
가능하면 차콜블랙이나 투명을 구입하는 편이 좋습니다.
제가 사용하는 은색은 오래 사용하니 도색이 벗겨지더군요.

라미 사파리 볼펜

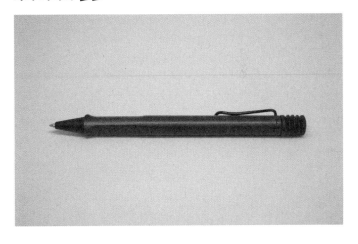

볼펜도 라미 사파리를 사용합니다. 차콜블랙은 표면이
약간 거친 맛이 있고 험하게 사용해도 상처가 잘 나지
않아 좋습니다. 저는 푸른색 잉크를 좋아해서 만년필도
볼펜도 푸른색 카트리지를 사용합니다. 프레피 만년필

다음으로 많이 사용하는지라 두 개를 구입해 하나는 필통에 또 하나는 윗주머니나 몰스킨 수첩에 끼워 놓고 사용합니다. 만년필 잉크가 잘 비치는 노트를 사용할 때면 종종 볼펜을 사용합니다. 적당한 글씨 굵기에다 볼 저항을 느낄 수 있는 볼펜입니다. 그리고 삼각형 그립은 이 시리즈의 가장 큰 장점인 듯합니다.

로트링 600 샤프

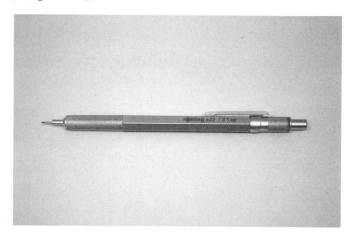

필기구를 사용할 때 무게 중심이 낮은 것이 얼마나 중요한지 로트링 600 샤프를 손에 쥐면 단박에 알 수 있습니다. 묵직한

무게지만 오랫동안 필기해도 편안합니다. 글씨를 쓸 때
샤프 무게만으로도 눌러 쓴 것처럼 느껴질 정도니까요.
생김새만 보고 로트링이 독일 제품인 줄 알았습니다만
일본 브랜드더군요. 지금껏 꽤 많은 샤프를 써 봤지만
로트링 600만 한 것을 다시 찾지 못했습니다. 훨씬 비싼
제품을 써도 로트링 600만 한 손맛을 주지는 못했습니다.
언젠가 한 번 떨어뜨려 촉이 휘어지는 경험을 하곤 필통에
넣어 다닐 땐 가죽 캡을 꼭 씌웁니다.

스테들러 옐로 펜슬 134-HB

"인간이 만든 이 단순한 물건은 개인의 권능을
배가시킨다." 디자인 공학의 구루라 불리는 헨리
페트로스키가 연필을 두고 한 말입니다. 스테들러 옐로
펜슬은 연필의 대명사라 할 만해, 수많은 카피캣이
존재합니다. 사실 미국 드라마 『X파일』에서 멀더가
천장에 던졌던 '미라도 클래식'을 써 보고 싶기도
하지만 스테들러가 항상 떨어지지 않고 버티는 이유를
모르겠습니다. 써도써도 어딘가에서 '나 여기 있어!' 하고
나타나는 존재랄까요. 얼마나 많은 스테들러가 집과 책방에

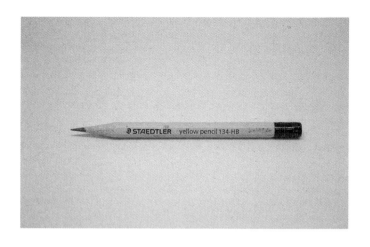

있는지 저도 알 수 없습니다. 굳이 사용의 편리를 기준으로 둔다면 라미 사파리처럼 삼각형 형태로 그립 부분에 돌기가 있는 파버카스텔 그립 2001 지우개 연필을 좋아합니다. 그런데 워낙 스테들러 연필이 많다 보니 새로 구입할 일이 드뭅니다.

엔티 커터

연필을 깎거나 종이를 자르거나 할 때 필수입니다. NT에는 훌륭한 커터가 많은데 그중에서 A300이나 PRO A 모델을 가장 많이 씁니다. 필통에 넣어 다니기는 부피가 작은

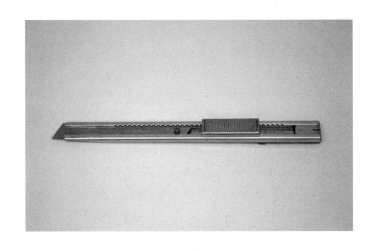

PRO A 쪽이 낫고, 사용하기엔 A300이 편합니다. 교체용
날은 국산 제품을 쓸 때도 있지만, NT에서 나온 30도
칼날 경사각을 가진 BD-100이 가장 좋습니다. 연필을
깎을 때도 볼펜이나 만년필로 잘못 쓴 것을 수정할 때도
편리합니다. 커터 자체의 만듦새를 비교하면 국산 제품보다
NT가 훨씬 좋습니다. 물론 그만큼 가격이 비쌉니다.
사용자 입장에서 본다면 비용을 들이더라도 오래 쓸 수
있는 제품을 선택할 수밖에 없습니다. 국내 문구 브랜드는
품질이 아쉬울 때가 종종 있습니다. 페이퍼 크래프트를
할 때는 'DG' 모델을 사용합니다. 훨씬 정교한 작업을
할 수 있습니다.

스테들러 마스 마이크로 카본 2H 샤프심

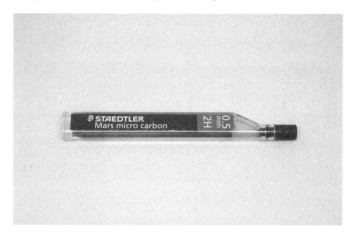

군이 샤프심을 2H로 사용하는 이유는 심이 번져 종이에
묻는 것이 싫기 때문입니다. 연하더라도 샤프심의 경도가
강한 제품을 좋아합니다. 여러 심을 사용해봤지만 저는
스테들러 마스 마이크로 카본 2H 제품이 좋더군요. 2H지만
그리 연하지도 않고 카본 성분이 들어 있어 물에도 강합니다.
무엇보다 군더더기 없는 케이스 자체가 마음에 듭니다.

모나미 플러스펜 S

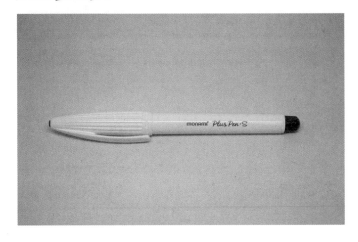

국민 수성펜 플러스펜의 업그레이드 버전입니다. 팁이
플러스펜보다 단단하고 탄력 있어 세필처럼 사용할 수
있습니다. 한자를 쓸 때 특히 필기감이 뛰어납니다. 몇
가지 붓펜이 있지만 일반적인 필기를 할 때는 모나미
플러스펜이 여러모로 사용하기 편합니다. 뚜껑을 개선해
클립을 만든 것은 좋은 선택인 듯합니다.

3M 포스트잇

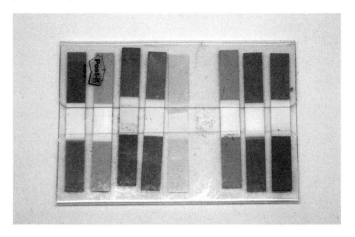

수많은 포스트잇 제품 중에 3M의 플래그 683-9KP를 가장
좋아합니다. 플라스틱 케이스 안에 들어 있어 가지고 다니기
편하고, 가늘어 책의 중요한 내용에 갈피하기 가장 알맞은
제품입니다. 색상이 다양한 것도 장점입니다. 메모용
포스트잇은 종이로 된 약간 큰 제품이 좋겠죠. 실수로 만든
잘 붙지 않는 접착제로 이렇게 놀라운 물건을 개발한 3M의
엔지니어 스펜서 실버 씨에게 경의를.

가죽 잉크 카트리지 케이스

만년필을 사용하다 보면 카트리지를 보관하거나
가지고 다니는 게 여간 성가신 일이 아니란 걸 깨닫게
됩니다. 열심히 쓰고 싶은 때 잉크가 말라 있거나 바닥난
경험을 몇 번 겪으면 더 그런 생각이 들죠. 꼭 필요할 때
카트리지를 찾으면 없는 경우가 많으니까요. 북아트
작가 이미경 선생님께 선물받은 수제 가죽 카트리지
케이스입니다. 많이 아끼는 물건입니다.

몰스킨과 전용 펜 홀더

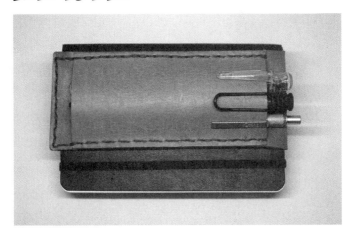

필통을 가지고 다니기 성가실 때가 있죠. 가벼운 옷차림으로
나가고 싶은데 이것저것 수첩과 필통, 기타 필기구를
챙길수록 짐이 무거워집니다. 가장 많이 사용하는 포켓사이즈
몰스킨 데일리 다이어리에 딱 맞는 가죽 펜 홀더를 직접
만들었습니다. 가장 많이 사용하는 로터링 600 샤프,
플래티넘 프레피 만년필, 라미 사파리 볼펜을 끼우면
딱입니다. 몰스킨에 대한 저의 예찬도 있습니다.

[몰스킨 수첩]

기록은 기억의 연장延長이다. 수첩은 기억의 연장을 위한
필수품. 내 기억력에 큰 문제가 있다는 사실을 깨달은 건 아주
오래전이다. 지금도 마찬가지지만, 특히 사람의 얼굴과
이름을 연결하지 못할 때가 많았다. 상대방은 나를 또렷하게
기억하는데 나의 기억 속에 그(그녀)가 없을 때는 두고두고
미안한 마음을 안고 갈 수밖에.

그뿐인가 약속이나 내 손을 거쳐야 할 일들도 깜빡 잊는
경우가 다반사. 그나마 이 정도(?) 유지가 가능한 것은 모두
수첩에 옮겨 적는 습관 때문이다. 물론 써 놓고도 잊어버리는
경우도 많다. 스마트폰 다이어리가 몰스킨 수첩과 기억력
사이의 허공虛空을 메운다. 나 같은 둔한 기억력의 소유자에겐
천만다행한 세상이다.

짧은 메모든 긴 일기든 약속이든 아이디어든 책을 읽으며
마음에 와 닿는 문장이든 모든 기록은 가능하면 몰스킨
수첩에 몰아서 쓴다. 기록이란 흩어지면 소용이 없기
때문이다. 따로 옮길 필요가 있는 경우에도 짧게라도 수첩에
메모를 남긴다.

그렇게 한 지가 여러 해, 그 전에는 주로 회사 취재 수첩을

썼었다.

이것저것 다양한 수첩과 노트를 옮겨 다니다 몰스킨을 쓰고 있는 이유는 매년 같은 모양, 같은 형식을 사용할 수 있는 편리함도 있지만 무엇보다 질기고 튼튼하기 때문이다. 1년 내내 펼치고 접어도, 가방이나 주머니에서 굴러도 제본이나 표지가 뜯어지는 일이 없었다. 내지가 흩어지지 않게 묶어 주는 고무밴드의 탄력도 그대로다. 작은 수첩치곤 꽤 비싼 값이긴 하나 험하게 사용해도 1년 동안 한결같은 모양새를 유지하는 값이라 보면 충분히 이해하고도 남음이 있다.

그리고 늦은 밤 책상 앞에 앉아 몰스킨 수첩을 펴고 라미 사파리 만년필로 사각대며 하루 일을 정리하거나 갈피로 표시해 둔 마음에 드는 문장을 옮겨 쓰는 즐거움은 무엇과도 바꾸기 힘들다.

미도리와 엔젤스토리 노트

다이어리는 몰스킨, 필사할 때는 미도리 노트를
사용합니다. 국산 제품인 엔젤스토리의 여행자 수첩도
자주 사용합니다. 미도리 트래블러스 노트는 주로 시집을
필사하거나 독서할 때 사용하는데 패스포트 사이즈는
여권과 크기가 같아 여행을 떠날 때도 편리하고 만년필을
사용해도 뒷장에 비치지 않아 좋습니다. 오십 년 넘게
미도리 노트가 사랑받는 이유가 있더군요.

나는 누군가를 만난 뒤에는 그 사람의 사유를 적기보다

나의 사유를 적는다. 나의 이상은 우리의 공통된 사유를 더 잘 표현하는 것이 아니라 문자 그대로 적으면서도 나의 사유를 적는 것이다. 쓰는 사람은 하나의 관념을 생각하는 사람이다. 그러나 나는 또한 내가 깊이 흡수하는 것, 꿰뚫어보려 애쓰는 것, 단어의 모든 의미를 이해하려 노력하는 것, 나 자신의 것으로 만드는 것도 생각한다. 그러므로 나는 쓰는 동시에 쓰는 것을 내 재산의 일부로 저장한다.

—앙토냉 질베르 세르티양주, 『공부하는 삶』에서

필사의 기초
: 좋은 문장 잘 베껴 쓰는 법

2016년 6월 4일   초판 1쇄 발행
2024년 3월 14일   초판 11쇄 발행

지은이
조경국

펴낸이	**펴낸곳**	**등록**	
조성웅	도서출판 유유	제406-2010-000032호(2010년 4월 2일)	

주소
경기도 파주시 돌곶이길 180-38, 2층 (우편번호 10881)

전화	**팩스**	**홈페이지**	**전자우편**
031-946-6869	0303-3444-4645	uupress.co.kr	uupress@gmail.com
	페이스북	**트위터**	**인스타그램**
	facebook.com	twitter.com	instagram.com
	/uupress	/uu_press	/uupress
편집	**디자인**	**마케팅**	
이경민	이기준	전민영	
제작	**인쇄**	**제책**	**물류**
제이오	(주)민언프린텍	다온바인텍	책과일터

ISBN 979-11-85152-48-6 03020